P.-J. GAUTHIER

RECHERCHES
SUR LES
Anciens Maîtres Imprimeurs Chalonnais
ET LEURS SUCCESSEURS DIRECTS

Indication de travaux imprimés par chacun d'eux

CHALON-SUR-SAONE
IMPRIMERIE FRANÇAISE ET ORIENTALE E. BERTRAND
5, Rue des Tonneliers, 5

1913

DU MÊME AUTEUR :

1° **Protection des auxiliaires du cultivateur.** Prix : **1** franc.
(Prix Valette de la Société protectrice des animaux).

2° **La vie aux champs.** Prix : **1** fr. **75**
(Prix Charles Blouet de la même Société).

3° **Tentative en 1700 pour faire cesser la mendicité à Chalon-sur-Saône.** (Épuisé).
(Extrait des Mémoires de la Société d'Histoire et d'Archéologie de Chalon).

4° **Chalon-sur-Saône. — Notices diverses.** Prix : **1** fr. **95**.

5° **Glanes historiques. — Chalon-sur-Saône dans le passé.** Prix : **0** fr. **50**.

En vente chez M. Émile BERTRAND, imprimeur-éditeur, rue des Tonneliers, à Chalon-sur-Saône.

RECHERCHES

SUR LES

Anciens Maîtres Imprimeurs Chalonnais

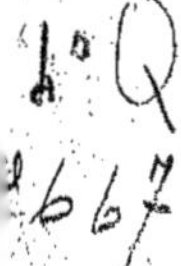

Extrait des *Mémoires de la Société d'Histoire et d'Archéologie de Chalon-sur-Saône*
Année 1913

P.-J. GAUTHIER

RECHERCHES

SUR LES

Anciens Maîtres Imprimeurs Chalonnais

ET LEURS SUCCESSEURS DIRECTS

Indication de travaux imprimés par chacun d'eux

CHALON-SUR-SAONE
IMPRIMERIE FRANÇAISE ET ORIENTALE E. BERTRAND
5, Rue des Tonneliers, 5

1913

RECHERCHES

SUR LES

Anciens Maîtres Imprimeurs Chalonnais

ET LEURS SUCCESSEURS DIRECTS

Indication de travaux imprimés par chacun d'eux

I.

IMPRIMEURS CHALONNAIS AVANT 1603.

Sur la fin du XVe siècle et durant le siècle suivant, des typographes nomades, voyageant avec un modeste outillage, s'arrêtèrent en divers châteaux et dans différentes villes où l'imprimerie n'était pas encore introduite et produisirent à un petit nombre d'exemplaires certains livres dont bien peu nous sont parvenus. C'est ainsi que, suivant Henri Gloria[1], Michel Wenssler, de Bâle, imprima un Missel (*Missale Cluniacense*) à Cluny en 1493, puis un Diurnal (*Diurnale Matisconense*) à Mâcon, et qu'en 1540, selon Tony Lacroix[2], fut obtenue au château de Lugny l'*Histoire du Duché de Bourgogne*, par le comte de Tavannes.

Au sujet de ce dernier livre, Papillon[3] rapporte ces

1. Cf. *Annales de l'Académie de Mâcon*, 1re série, t. XIV, p. 267.
2. Cf. *Ibid.*, t. XIII, p. 127.
3. *Bibliothèque des Auteurs de Bourgogne*, 2e vol., p. 241.

mots de Guy Patin : « J'ai ouï dire autrefois au P. Jacob, Carme bourguignon, qu'un certain M. de Tavanes avoit fait imprimer dans un château en cachette, un tome des *Mémoires historiques,* in-folio, qu'il n'avoit osé publier, à cause de plusieurs choses étranges qu'il y avoit dites contre les Grands, et entre autres de Catherine de Médicis, et qu'il n'en avoit donné que quelques exemplaires à peu de ses amis. »

A Chalon, quelques-uns de ces imprimeurs nomades ont pu être occupés à l'évêché ou dans les monastères; mais, malgré nos recherches, il nous a été impossible de trouver ni renseignements précis à ce sujet, ni traces des œuvres que ces maîtres ont pu y produire.

II.

JEAN DESPREZ.

Une délibération du conseil de ville de Chalon, en date de 1603[1], nous apprend que « Jehan Despreys[2] », imprimeur et libraire à Langres, avait exposé dans une requête écrite qu'il désirait faire sa résidence à Chalon, et « a icest effect y apporter ses caractaires et presses pour imprimer les livres qui luy seront mis entre les mains tant anciens que nouveaulx », à condition d'être maintenu aux honneurs, prérogatives et privilèges octroyés aux imprimeurs par les édits et les ordonnances en vigueur[3], et de

1. Voir Pièces justif., n° 1.

2. A Chalon, sur les livres sortis de ses presses, on lit successivement : « Jean Des Prez, Joannem à Pratis » et « Jean Des Preyz ». A l'exemple des auteurs modernes, nous le désignons sous le nom de « Jean Desprez ».

3. « L'octroi de ces grâces remontait à Louis XII (1513), et il était renouvelé périodiquement. » *Bulletin officiel de l'Union syndicale des Maîtres Imprimeurs de France* (décembre 1910).

se voir accorder « quelques honnestes gaiges pour l'entretenement de sa personne », et « affin d'accroistre la reputation et gloire de lad. ville ».

En conséquence, le 10 avril 1603[1], le conseil, réuni en la maison commune, décida que « led. Desprez sera receu au nombre des habitans de lad. ville et demeurera exempt des impositions qui se feront en icelle et du guet et garde sinon en tant d'eminant peril auquel cas il pourra estre contrainct de faire pareil debvoir qu'ung aultre habitant ».

Après cette décision, Jean Desprez s'établit dans la rue Saint-Georges ainsi que l'indique le premier livre qu'à notre connaissance, il imprima dans la cité en 1604[2].

M. Pellechet, d'après le *Catalogue de l'Exposition du Cercle de la Librairie*, 1880, pp. 18 et 23, Silvestre, n° 1187, dit qu'avant de s'installer à Chalon, J. Desprez exerçait sa profession à Langres en 1580[3]. Dans cette dernière ville, il avait imprimé *Calendrier des Bergers en Dialogue* (in-4°, caractères gothiques, 1582), et *Orchésographie et Traité en forme de Dialogue, par lequel toutes personnes peuvent facilement aprendre et pratiquer l'honnête exercice des danses* (in-4°, 104 feuillets, 1589). L'auteur de ces livres était Jean Tabourot, chanoine et official de Langres, qui, pour de tels sujets, avait pris le pseudonyme de Thoinet Arbeau[4]. Dans la même ville, il avait aussi imprimé *La deffense et louange du pou ensemble celle du ciron contre ceux qui l'ont en haine et le blasment, ordinairement à tort et sans causes*, pièce en vers, précédée d'une épître dédicatoire à Mlle de Pouilly en Gratinais, par le seigneur des Accords. Pet. in-8°, 36 p., 1597[5].

1. Voir Pièces justif., n° 1.
2. Voir p. suivante.
3. Cf. M. Pellechet, *Notes sur les livres liturgiques des diocèses d'Autun, Chalon et Mâcon*, p. 84.
4. Cf. Papillon, *Bibl. des Auteurs de Bourgogne*, 2e vol., p. 303.
5. Catalogue de la bibl. de M. Louis Mallard, p. 199.

Nous n'avons pu trouver d'autres renseignements sur cet imprimeur qui appartenait probablement à une famille de typographes dont faisait partie Moyse des Prez, établi à Lyon en 1595[1], et qui put compter à Paris en 1676 Guillaume Desprez[2]. Peut-être Jean est-il mort à Chalon; mais il est difficile de s'en assurer, attendu qu'aux archives de la ville, les plus anciens registres tenant lieu d'état civil, ne remontent qu'à l'année 1658.

***

Pour les livres imprimés à Chalon, par Jean Desprez, nous pouvons seulement citer :

1° *Privileges octroyez avx maires, eschevins, bovrgeois et habitans de la ville et cité de Chalon svr Saone par les anciens Roys de France et Ducs de Bourgongne, confirmez par leurs successeurs, et verifiez ez cours souueraines. Conferez avec plusieurs priuileges des autres villes du pays et Duché de Bourgongne, et enrichis de notes et remarques tirées tant des droits Canon et Ciuil, que des Arrets desdictes Cours*[3].

Avec préface, annotations et commentaires de l'avocat chalonnais Bernard Durand.

Ainsi que le montre la reproduction suivante, au-dessous du titre, on voit la marque[4] de J. Desprez, et on lit plus

1. Cf. Louisy, *Le Livre*, p. 215.
2. Cf. Papillon, *op. cit.*, 2e vol., p. 326.
3. Bibl., mun. de Chalon-s-S., n° 1154.
4. Dès le XVe siècle, les imprimeurs furent obligés de prendre chacun une marque spéciale pour se défendre contre les faussaires.

Une Ordonnance de Charles IX, datée de Gaillon, mai 1571, portait : « Ne pourront prendre les Maistres Imprimeurs et Libraires les marques les uns des autres, ains chacun en aura vne à par soy, differentes les unes des autres : en manière que les achepteurs des livres puissent facilement cognoistre en quelle officine les liures auront esté imprimez, et lesquels se vendront ausdites officines, et non ailleurs. »

La marque est encore en usage dans nombre d'imprimeries.

PRIVILEGES

OCTROYEZ AVX MAIRES, ESCHEVINS, BOVRGEOIS ET HABITANS DE LA VILLE ET CITE DE CHALON SVR SAONE

par les anciens Roys de France & Ducs de Bourgongne, confirmez par leurs successeurs, & verifiez ez Cours souueraines.

Conferez auec plusieurs priuileges des autres villes du pays & Duché de Bourgongne, & enrichis de notes & remarques tirées tant des droits Canon & Ciuil, que des Arrests desdictes Cours.

A CHALON

PAR IEAN DES PREZ Imprimeur & Libraire. rue S. George.

M. D. CIIII.

bas : « A Chalon par Iean Des Prez, Imprimeur et Libraire rue S. George, MDCIIII[1]. »

PREFACE AV LECTEVR.

Au commencement du livre est une épigramme latine formée de cinq distiques et signée J. B. L. A. (Jean-Baptiste Lantin, avocat[2].)

Imprimé sur bon papier, le volume, de format in-4°. comprend 3 feuillets non foliotés et 113 pages. Un frontispice est en tête du texte, et les chapitres commencent par une grande lettre ornée et finissent par un cul-de-lampe.

1. Par erreur, cette date a été prise par plusieurs auteurs pour celle de l'introduction de l'imprimerie à Chalon. On a vu qu'il faut remonter au moins à l'année précédente.

2. Cet avocat, conseiller au parlement, était né à Chalon le 13 décembre 1572.

PASTORALE
AD VSVM DIOCOESIS CABILONENSIS ACCOMMODATVM.

Reuerendiss. Domino Domino Cyro de Tyard, Episcopo Cabilonensi.

CABILONE,
Apud IOANNEM à PRATIS, Typographum.
M. DC. V.

Le 19 janvier 1704, la mairie délivra un mandat de 24 sols au profit du libraire Hugues Tan pour fourniture de trois exemplaires des *Privilèges*[1], et ce fait indique que ce livre n'était pas encore devenu rare. En 1910, la maison Mercier, de Dijon, suivant son catalogue, l'offrait au prix de 50 francs.

> 2° *Pastorale ad vsvm diocœsis cabillonensis accommodatum*, par Cyrus de Tyard, évêque de Chalon. « Cabilone, apud Joannem à Pratis, Typographum MDCV[2]. »

Comme le montre la reproduction qui précède, la marque de l'imprimeur est remplacée par une vignette représentant le « *Bon Pasteur* ». Le volume, in-4° est imprimé en noir et en rouge, sur bon papier, et se divise en deux parties. La première porte un beau frontispice montrant au centre une réduction de la marque de l'imprimeur, et contient une fine lettre ornée. On n'y trouve que 11 feuillets non paginés, composés en divers caractères et terminés par un petit cul-de-lampe. La deuxième partie comportant 214 pages, de chacune 28 lignes, avec texte latin ou français et titres courants en rouge, renferme une gravure sur bois et, en divers endroits, du plain-chant bien repro-

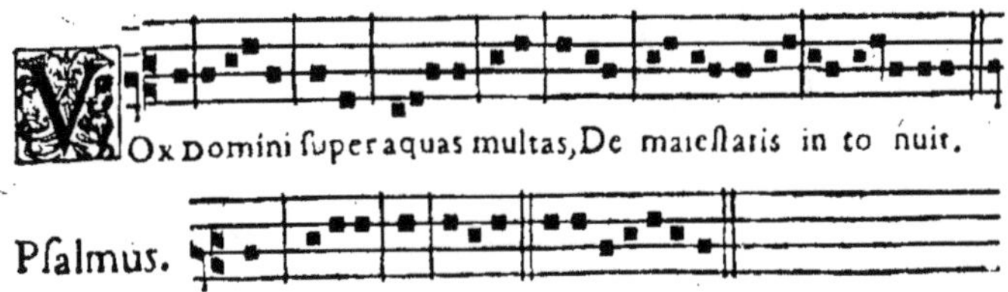

duit en typographie. Elle contient aussi des annotations marginales en petits caractères. En outre, elle est impri-

1. Cf. Arch. mun. de Chalon-s-S., CC, 111, reg., f° 54.
2. Bibl. de M. Têtu, avoué, à Chalon-sur-Saône.

mée sans interlignes, en beaux caractères romains ou italiques, genre elzévir, d'environ 17 points, et des lettres ornées ou de grandes majuscules en rouge commencent les alinéas.

3° *Instructions des Curez et Vicaires pour faire le Prosne*[1], par Cyrus de Tyard. « A Chalon sur Saone par Jean Des Preyz, Imprimeur et Libraire demeurant à la ruë Sainct George MDCV. »

Cet opuscule, in-4°, portant la marque de J. Desprez et ne comprenant que 9 pages est imprimé avec des caractères usagés, de mêmes corps que dans l'ouvrage précédent, et montre une belle lettre ornée au commencement du texte.

III.

PÉRIODE INCERTAINE.

De 1606 à 1651, nous n'avons pu trouver ni nom d'imprimeur établi à Chalon, ni mention formelle d'impressions faites en cette ville. Nous sommes cependant loin de croire que durant cette période l'art nouveau cessa d'y être pratiqué.

D'abord nous supposons que Jean Desprez a dû conserver son atelier pendant un certain temps, et ensuite qu'il a pu avoir avant Ph. Tan, un successeur dont le nom nous est inconnu.

A l'appui de ces conjectures, nous rapporterons les faits qui suivent :

Papillon, puis Moreri ont relaté que Nicolas de Pontoux, décédé le 9 septembre 1620, a composé un poème, *Le Gentilhomme chalonnais*, qui fut imprimé à Chalon[2].

1. Relié à la suite du *Pastorale*. Bibl. de M. Têtu.
2. Cf. Papillon, *op. cit.*, 2e vol., p. 164, et Moreri, *Dict.*, 2e *Suppl.* 2e vol., p. 298.

Suivant le *Catalogue des livres imprimés de la Bibliothèque nationale* (11ᵉ vol., p. 646), Jean Bernard, lieutenant général au bailliage de Chalon, puis conseiller d'état et vicomte-mayeur de la même ville, époux de Jeanne de Pontoux, fit imprimer s. l. n. d. *Propos tenus au roy et à la reyne régente sa mère le 15 juillet 1610*, in-4°, 12 p.

Citant les productions du même auteur, Papillon et Moreri, sans indiquer le nom de l'imprimeur, ont mentionné que sa *Harangue à Marie de Médicis* fut imprimée en 1610, et, pour ses *Propos tenus au Roy à son entrée en la ville de Chalon*, ont mis : « 1629, in-4° [1]. »

En outre, les écrivains précités relatent : « Chalon 1641 », pour la première édition de *Poesis pindarica* du P. Perry [2].

Enfin relativement à un *Discours prononcé aux États de Bourgogne* par Claude Burgat, doyen de la cathédrale de Chalon sur-Saône, parlant comme syndic du clergé de cette ville, Papillon a écrit : « Chalon, 1650 [3]. »

Nous pourrions ajouter d'autres passages de ce dernier auteur ; mais, comme ils diffèrent du livre *De claris scriptoribus*... du P. Jacob, mieux placé pour être bien renseigné, nous ne les rapporterons pas.

IV.

PHILIPPE TAN.

Un livre imprimé par ce maître indique que ses presses fonctionnaient à Chalon en 1651 [1] ; il est probable toutefois qu'il s'était établi en cette ville avant cette date.

1. Cf. Papillon, *op. cit.*, 1ᵉʳ vol., p. 42, et Moreri, *op. cit.*, 1ᵉʳ vol., p. 145.
2. *Ibid.*, 2ᵉ vol., p. 144, et 2ᵉ vol., p. 256.
3. Cf. Papillon, *op. cit.*, 1ᵉʳ vol., p. 120.
4. Voir pp. 17 et 21.

Son lieu d'origine nous est inconnu ; mais son frère Blaise, dont nous parlerons plus loin, étant né à Chagny[1], son frère François ayant exercé la profession de marchand à Autun[2], et sa sœur Antoinette habitant Chalon[3], nous pouvons présumer qu'il avait vu le jour soit dans cette dernière ville soit dans la région. Il était époux de Anne Defrance[4] qui, à l'âge de 65 ans, fut inhumée dans le cimetière de la Motte le 23 avril 1689[5]. Sa sœur, mariée à Chalon au « marchand libraire » Baudrand[6], eut entre autres enfants : Jean, qui fut marchand à Paris[7], et Anne qui s'unit le 3 juin 1686 à Claude Guenot, aussi marchand à Chalon[8].

En plus de son imprimerie, qui devait être sur la place du Châtelet, Ph. Tan eut, près de la cathédrale, une librairie à l'enseigne *Au nom de Jésus*[9], et fut en même temps marchand[10]. En outre, à partir de 1675, pour son atelier, nous le trouvons associé avec son frère Blaise[11].

Vers 1653, il occupa le fils d'un typographe autunois, François Simonnot, que nous retrouverons, quelques années plus tard, à la tête d'une imprimerie à Beaune[12] et dont un futur neveu, B. Lamottetort, devait un jour diriger l'atelier des frères Tan[13].

1. Voir, p. 25.
2. Cf. Arch. mun. de Chalon-s-S., paroisse St-Vincent, registre des mariages, 1682.
3. Cf. reg. de l'Hospice St-Louis.
4. *Ibid.*
5. Cf. Arch. mun. de Chalon-s-S., par. St-Vincent, reg. des inhumations, 1689.
6. *Ibid.*, reg. des mar., 1686.
7. Cf. reg. de l'Hospice St-Louis.
8. Cf. Arch. mun. de Chalon-s-S., reg. des mar., par. St-Vincent, 1686.
9. Cf. M. Pellechet, *op. cit.*, p. 149. Voir en outre p. 97.
10. Cf. Arch. mun. de Chalon-s-S., BB, 20, reg. f° 1er.
11. Voir p. 27.
12. Cf. M. Pellechet, *op. cit.*, p. 508.
13. Voir p. 35.

Comme preuve qu'en dehors de deux livres cités plus loin, Ph. Tan travailla pour le compte de la ville, nous dirons que le 28 novembre 1662, le receveur municipal lui versa 8 livres pour l'impression de la Bulle contenant indulgence pour la solennité de la fête de saint Charles[1].

Suivant lettres patentes de Louis XIII, en date de décembre 1610, les imprimeurs avaient été confirmés dans les privilèges, exemptions et franchises dont jouissaient les membres de l'Université. Ces faveurs consistaient notamment en l'exonération du service militaire, du guet et des impôts sur les métiers mécaniques et le papier[2].

A la suite d'un procès soutenu par la ville au sujet de son exemption de péage, un arrêt du conseil d'état en date du 18 août 1699, maintint les marchands imprimeurs et libraires de Paris et de Lyon dans l'exemption des droits d'octrois sur la Saône pour les marchandises de librairie qu'ils feront conduire sur cette rivière, et fait défense à Claude Mielle, fermier de ces droits, « d'en exiger aucuns à l'avenir, sous quelque prétexte que ce soit, à peine de concussion et de 500 livres d'amende[3] ».

Si l'imprimeur Ph. Tan put jouir des privilèges dont nous venons de parler, il fut soumis par contre à de sévères règlements comme l'indique l'arrêt du même conseil, daté du 6 octobre 1667[4].

L'imprimeur chalonnais et sa femme s'honorèrent par divers actes de philanthropie, et déployèrent une activité inlassable pour arriver à la création de l'Hospice Saint-Louis. De plus, Mme Tan légua à cet établissement une somme de 2.000 livres dont la rente devait servir à favoriser le mariage des filles élevées dans la maison, et son

1. Cf. Arch. mun. de Chalon-s-S., CC, 148, reg. f° 45.
2. Cf. *Bulletin officiel de l'Union syndicale des Maîtres Imprimeurs de France* (décembre 1910).
3. Cf. Arch. mun. de Chalon-sur-S., FF, 55.
4. Voir Pièces justif., n° 5.

mari fit don au même hospice d'abord d'un bâtiment qui fut, à Sainte-Marie, le berceau de la nouvelle création, et, plus tard, par testament, il remit presque toute sa fortune au même établissement charitable[1]. Aussi, la reconnaissance publique ne fit pas défaut à cet homme de bien. Suivant procès-verbal daté du 23 juin 1693, où il est qualifié « marchand libraire de la terre de l'église », il fut élu échevin de la ville[2], mandat qui lui fut renouvelé l'année suivante. En outre, depuis longtemps, il avait été appelé aux fonctions délicates et très dispendieuses pour lui, d'administrateur de l'Hospice, fonctions dans lesquelles il se signala par un zèle éclairé et un dévouement sans bornes[3]. Enfin sa mémoire n'a pas été oubliée, et dans les bâtiments hospitaliers construits en 1896-97 une salle a reçu son nom.

Sans laisser de postérité, Ph. Tan mourut le 4 avril 1700 et fut inhumé dans la chapelle Saint-Joseph que de ses deniers, il avait fait annexer à la petite église de l'Hospice[4].

Son imprimerie fut alors reprise par son petit-neveu, Philippe Prarond, qui fera l'objet d'une autre notice.

Signature de Philippe Tan

Parmi ses impressions, nous citerons :

1° Livres :

Vœvx publics de la France povr la paix generale offerts av Roy, sans nom d'auteur. In-4°, 150 p.

1. Cf. reg. de l'Hospice St-Louis.
2. Cf. Arch. mun. de Chalon-s-S., BB, 20, reg. f° 68.
3. Cf. reg. de l'Hospice. Voir en outre Pièces justif., n° 6.
4. Cf. reg. de l'Hospice.

« A Chalon sur Saone, De l'Imprimerie de Philippe Tan, Imprimeur du Roy, et de la Ville, MDCLI[1]. »

L'avertissement au lecteur commence par une grande lettre ornée.

Ordonnances faites par les maires, eschevins, bovrgeois et habitans de la Ville et Cité de Chalon, par vertu et authorité des priuileges a eux concedés par les roys et ducs de Bourgongne, par l'aduis et deliberation du Conseil de la Ville et Cité, pour la police et sur le faict de tous les Metiers et Marchandises dont l'on vse en ladite Ville de Chalon, Faux-Bourgs et appartenances d'icelle.

Sans nom d'auteur ni marque d'imprimeur. In-4°, 124 p. plus 4 de supplément.

« A Chalon, De l'imprimerie de Philippe Tan, 1652[2]. »

La très ancienne et très auguste ville d'Autun, couronnée de joye, d'honneur et de félicité, par la nouvelle et l'heureuse promotion de Monseigneur l'Illustrissime et Reverendissime Louys Dony d'Attichy, dans son siège épiscopal, par L. Bertaut. In-4°, 320 p., plus 14 d'épître dédicatoire, 1653[3].

De febre pvrpvrata epidemia, et pestilenti, qvae ab aliqvot annis in Bvrgvndiam et omnes ferè Galliae Provincias miserè debacchatur (*medica dissertatio*) par « Joannis Morelli, Cabilonensis doctor medici », né à Chalon en 1593. Précédé d'une épître à l'évêque Jacques de Nuchezes, de poésies de Pierre Dichat, « cavssidivm cabil. », et d'une ode du P. Perry, le tout formant 9 feuillets non chiffrés. 2e éd. « ab avthore avcta et recognita ». In-12, 147 p. « Cabilone, apvd Philippvm Tan, Typographvm Regis et Urbis. MDCLIV[4]. »

L'Origine de la Ville et Abbaye de Tovrnvs, de fondation royale, sous le nom de Saint Valerien ou selon le vulgaire

1. Archives de la Société d'Histoire et d'Archéologie de Chalon-sur-Saône, série L, suppl.
2. Bibl. mun. de Chalon-s-S., n° 1153 *bis*.
3. Cf. Catal. des liv. imp. de la Bibl. Nat., t. XI, p. 1179.
4. Bibl. mun. de Cluny, n° 1003.

Saint Valerin martyrisé au mesme lieu : Dédiée en suitte à l'honneur de nostre Dame, et de Saint Philibert : Sa sécularisation et changement en Eglise Collégiale : Avec l'établissement de distinction des Iustices Laïques et Séculières, des Ressorts des Eleus, et Deputés des trois Ordres du Conté de Masconnois en la Généralité de Bourgongne : Où sont marqués les causes des necessités publiques, les expediens pour y remedier, les reglemens de Police, les devoirs d'vn chacun, et autres particularités très-vtiles pour cognoistre les droits des Seigneurs hauts Iusticiers. Sans nom d'auteur. (Jean Machoud, lieutenant de la Justice de Tournus.) Petit in-8°, 179 p. Chalon, Ph. Tan, MDCLVII[1].

Poesis pindarica, par Perry, 3e éd. In-8°, 376 p. « Apud Philippvm Tan, Regis et Vrbis Typographum, MDCLIX[2]. »

Sans indiquer l'imprimeur, Papillon laisse supposer que la 1re éd. fut imprimée à Chalon en 1641[3]. La Bibl. municipale de cette ville ne possède que la 3e éd. bien tirée sur beau et bon papier, et portant outre les armes de P. d'Hoges une belle vignette.

Histoire civile et ecclésiastiqve ancienne et moderne de la Ville et Cité de Chalon svr Saone[4], par le P. Perry, de la Compagnie de Jésus. In-folio, 4 feuillets non paginés contenant dédicace, préface, citation de vieilles inscriptions trouvées à Chalon et dans le Chalonnais, privilèges et épigramme en latin par Pierre d'Hoges ; 524 pages de texte avec notes marginales, et 120 pages de preuves. Au commencement du volume, grande gravure, plan intitulé : *Povrfil de la ville de Chalon* et frontispice. « A Chalon sur Saone, Chez Philippe Tan, Imprimeur du Roy, de la Ville et Marchand Libraire, au nom de Iesus, MDCLIX. »

Ce livre qui vaut actuellement 70 francs, a été écrit à la sollicitation de P. d'Hoges, orateur, poète et plusieurs fois

1. Bibl. mun. de Tournus, n° 5724.
2. Bibl. mun. de Chalon-s-S., n° 762.
3. Cf. Papillon, *op. cit.*, 2e vol., p. 144.
4. Bibl. mun. de Chalon-s-S., n° 778.

maire de la ville. Devant servir dans l'instance engagée contre les villes de Beaune et de Nuits au sujet de la préséance de Chalon aux États de Bourgogne, l'impression en fut décidée en faveur de M. Tan par une délibération du 5 décembre 1658[1]. De plus, le 3 juin suivant, l'imprimeur obtint un privilège[2] de sept ans pour imprimer et vendre ce livre. En outre, par une délibération du 29 mai 1659, le conseil autorisa la reliure de 100 exemplaires[3]. Disons enfin qu'une 1re édition du livre indiqué fut imprimée à Paris en 1654[4].

Dans ce livre, à la page 131, le P. Perry a mentionné qu'un auteur ne peut tout voir, et que, si soigneux qu'il puisse être, il lui échappe toujours quelque chose. Il dit ensuite : « Ajoutez à cela un plus grand désordre qui vient de la négligence des Imprimeurs, qui maintenant travaillent plus pour le gain que pour l'honneur. Il n'y a plus de Gryphius, d'Estiennes, de Plantins, dont les ouvrages sont si corrects, qu'on n'y trouve point de fautes. Outre qu'ils estoient sçavans, et qu'eux-mesmes prenoient la peine de corriger les espreuves qui sortoient de leurs Presses, ils avoient encore d'excellens correcteurs d'Imprimerie à qui ils donnoient de bons gages. Plantin avoit cette coustume d'exposer en public les espreuves aussi-tost qu'elles estoient tirées, et donnoit autant de sols à ceux qui les lisoient, qu'ils y reconnoissoient de fautes. »

Pratique Ivdiciaire tant civile qve criminelle des Ivstices subalternes contenant plusieurs reglements politiques et devoirs de la société civile, 2e éd., revue, corrigée et augmentée, par Jean Machoud, « Lieutenant ès Justices de

1. Voir Pièces justif., n° 2.
2. Ce privilège garantissait la propriété du livre et interdisait par suite à tout autre imprimeur d'en publier une nouvelle édition.
3. Voir Pièces justif., n° 3.
4. Cf. Ruelle, *Bibliographie générale des Gaules*, p. 1439.

Tournus », où il mourut le 14 avril 1669. In-8°, 345 p. et 2 p. de table, 1662[1].

La 1re édition avait été imprimée aussi par Ph. Tan, en 1657, sous un titre différent[2].

2° Impressions diverses :

En dehors des livres que nous venons de mentionner et probablement d'autres que nous n'avons pu découvrir, Ph. Tan imprima nombre de brochures parmi lesquelles nous citerons :

Histoire généalogique à Monsieur Vaillant, apoticaire de Mgr le marquis d'Uxelles, et habitant de la ville de Saint-Gengoux-le-Royal. In-8°, 24 p., 1651[3].

Panegyris illustriss. D. Jacobi de Neufchèzes episc. cabil., par Perry. In-4°, 12 p., 1652[4].

La Paroisse de Chagny, c'est-à-dire : 1° La qualité de l'Union de l'Eglise Paroissiale du Bourg de Chagny à l'Abbaye de S. Ruf, par Durandus, Evêque de Châlon, en 1220 ; 2° La Société dès lors du Prieuré Conventuel avec la Vicairie perpétuelle en la même Eglise de S. Martin ; 3° Comment le Gouvernement de ladite Paroisse est, il y a longtems, retourné des Réguliers aux Pasteurs séculiers, par Antoine Thibault. In-8°, 56 p., 1652[5].

Calvin démasqué, par Edme Mugnier, docteur en médecine, né à Chalon (1623-1702). In-12, 1653[6].

Suivant Papillon, le médecin chalonnais composa cet écrit « pour retirer de l'erreur » son ami Philippe Guide, qui l'avait instruit de ses conseils[7].

1. Bibl. mun. de la ville de Cluny, n° 901.
2. Voir p. 18.
3. Catalogue de la bibl. de M. Louis Mallard (Dijon, 1903), p. 262.
4. Cf. PAPILLON, *op. cit.*, 2e vol., p. 144.
5. *Ibid.*, p. 315.
6. *Ibid.*, p. 103.
7. *Ibid.*

Questio academica an eadem vitae ac miseriae Natalia, par Edme Mugnier, précédemment nommé. In-4°, 30 p., 1653[1].

Au sujet de cette brochure, Papillon dit qu'il y a dans cette pièce beaucoup de citations grecques et latines et qu'on attribue à Mugnier les *Éloges* qui sont dans l'*Illustre Orbandale*[2].

L'État autrefois varié, à présent stable et arrêté de l'Église Paroissiale du Bourg de Chagny, laquelle des Cures séculières est venuë à un Curé Régulier, qui étant fait Prieur, a mis un Curé-Vicaire-Perpétuel, au commencement Régulier, en après toûjours Séculier, avec Prescription canonique, par Antoine Thibault[3]. In-8°, 37 p., 1657[4].

Luctus cabilonis in obitu illustriss. Ludovici Châlon du Blé, Marchionis d'Uxelles, Urbis Cabillon. Gubernatoris designati, par le P. Perry. In-8°, 13 p., 1658[5].

Illustriss. Lud. Châlon Dublé, marchioni d'Uxelles et Cormatin, Urbis et Arcis Cabil. Gubernatori in Burgondia Proregi, etc., in mortem Patriae Polemarchi meritissimi somnii veritas, poème latin, par Claude Lezand, né à Tournus et curé de Sevrey. In-4°, 20 p., 1658[6].

Oraison funèbre de Loüis de Châlon du Blé, marquis d'Uxelles, gouverneur de Chalon par Gerard Guérin, minime, né à Chalon, confesseur du Cardinal Janson. In-4°[7].

Oraison funèbre de Jacques de Nuchèzes, évêque de Chalon (décédé le 1er mai 1658), par le P. Léandre. In-4°, 1658[8].

Panegyris Elegiaca Beatiss. Patris P. Cl. Bernard, Presbyteri Divionensis Lutet. vitâ functi an 1641, 23 mart., par Claude Lezand. In-4°, 24 p., 1659[9].

1. Cf. Papillon, *op. cit.*, 2e vol., p. 103.
2. *Ibid.*
3. *Ibid.*, p. 315.
4. Voir p. 21.
5. Cf. Papillon, *op. cit.*, 2e vol., p. 144.
6. *Ibid.*, 1er vol., p. 411.
7. *Ibid.*, p. 277.
8. Cf. Ch. Muteau et J. Garnier, *Galerie bourguignonne*, 2e vol., p. 79.
9. Cf. Papillon, *op. cit.*, 1er vol., p. 411.

Les Miracles de la Nature ou la guérison de toutes sortes de maladies par l'usage des eaux minérales de Bourbon-Lancy, par Philippe Mouteau, médecin à Bourbon-Lancy. In-8°, 1660[1].

Oracle de la Renommée sur le portrait du parfait prélat, poème en l'honneur de J. de Maupeou, évêque de Chalon, par Philippe de Maizière, conseiller d'honneur au Présidial (décédé à Chalon en 1710). 33 p., 1660[2].

Harangue funèbre de Loüis Donis d'Allichy, Evêque d'Autun, par Gerard Guérin. In-4°, 60 p., 1664[3].

Discours d'Uranide contre ceux qui donnent tout aux choses naturelles, sur les cométes qui ont paru l'année dernière et la présente 1665, avec une prédiction des choses les plus remarquables qui doivent arriver, par le Chalonnais Louis Mariche. In-4°, 30 p., 1665[4].

Achaevs, sans nom d'auteur, tragédie dédiée aux magistrats de Chalon pour la distribution des prix. In-4°, 12 p.

« A Chalon, Par Philippe Tan, Imprimeur de la Ville et du College, MDCLXV[5]. »

Cet imprimé ne contient que l'analyse de la tragédie avec les noms des personnages et des acteurs.

Consultation sur un rhumatisme avec une réfutation d'une Réponse qu'on y a faite, par le médecin chalonnais Jacques Moreau. In-12, 1688[6].

1. Cf. Papillon, *op. cit.*, 2e vol., p. 101.
2. *Ibid.*, p. 8.
3. *Ibid.*, 1er vol., p. 277.
4. *Ibid.*, 2e vol., p. 21.
5. Arch. mun. de Chalon-s-S., GG, 53.
6. Cf. Papillon, *op. cit.*, 2e vol., p. 84.

V.

PIERRE CUSSET.

En 1662, il existait à Chalon « devant le Châtelet » une librairie tenue par Pierre Cusset[1] qui, suivant Papillon, collabora à l'*Illustre Orbandale* généralement attribuée au P. Bertaut, et fit même l'impression de ce livre[2]. Ce dernier fait est inexact, comme l'indique le feuillet du titre, et aussi Papillon en un autre passage de son ouvrage[3]. De plus, cet écrivain mentionne « Pierre Cusset, imprimeur de Chalon, mort vers 1663[4] ». A la suite de Papillon, Ch. Muteau et Joseph Garnier[5], puis M. Pellechet ont reproduit la mention qui précède. Ce dernier auteur a même ajouté que la veuve de Cusset exerçait en 1665[6]. En outre, citant une brochure, Papillon indique que le feuillet du titre porte : « A Chalon, chez Cusset, 1656[7] » ; pour une autre brochure : « Lyon et Chalon. Cusset, 1665[8] », et enfin pour une troisième : « Chalon, veuve Cusset, 1665[9] » ; mais on peut supposer qu'il s'agit d'un libraire.

A défaut de documents certains, et n'ayant connaissance de livres ou d'imprimés quelconques indiquant formellement que Cusset a exercé l'art de la typographie à Chalon, nous hésitons à le comprendre parmi les anciens impri-

1. Cf. feuillet du titre de l'*Illustre Orbandale*.
2. Cf. Papillon, *op. cit.*, 1er vol., p. 163.
3. *Ibid.*, p. 326.
4. *Ibid.*, p. 163.
5. Cf. *Galerie bourguignonne*, 1er vol., p. 250.
6. Cf. M. Pellechet, *op. cit.*, p. 169.
7. Cf. Papillon, *op. cit.*, 1er vol., p. 8.
8. *Ibid.*, p. 406.
9. *Ibid.*, p. 143.

meurs de cette ville, d'autant plus que dans le procès-verbal d'une assemblée générale tenue le 23 juin 1659, il n'est pas désigné comme exerçant cette profession[1], que dans l'acte de baptême de son fils Edme (25 janvier 1661), il est qualifié « marchand libraire[2] », et que, un certain temps après son décès, dans l'acte de mariage de sa fille Huguette (27 février 1680), il est également désigné « marchand libraire[3] ».

VI.

BLAISE TAN.

Suivant M. Pellechet, Blaise Tan naquit à Chagny vers 1631, et fit son apprentissage à Chalon chez son frère Philippe. Parti ensuite sur le tour de France, il travailla successivement à Lyon, à Nîmes, à Paris et dans d'autres villes, puis revint en 1660 auprès de son frère pour ne plus s'en éloigner[4].

Vers 1665, il se maria avec Hélène Bourgeois dont il eut deux filles : Claudine, née le 12 juillet 1666[5], et Marguerite, baptisée le 28 novembre 1674[6]. Devenu veuf le 5 janvier 1685[7], il se remaria peu après avec Magdeleine Boyau[8].

D'après l'arrêt du Conseil d'état en date du 6 octobre 1667, il aurait fallu à Blaise Tan une autorisation du

1. Cf. Arch. mun. de Chalon-s-S., BB, 16, reg. f° 100.
2. *Ibid.*, par. St-Vincent, reg. des baptêmes, 1661.
3. *Ibid.*, reg. des mar., 1680.
4. Cf. M. Pellechet, *op. cit.*, p. 149.
5. Cf. Arch. mun. de Chalon-s-S., par. St-Vincent, reg. des bapt., 1666.
6. *Ibid.*, 1674.
7. *Ibid.*, reg. des inh., 1685.
8. *Ibid.*, reg. des bapt., 1687.

roi pour créer une nouvelle imprimerie à Chalon[1]. Aussi, n'espérant pas sans doute faire agréer une demande, il s'associa avec son frère et, à partir de 1675, tous deux joignent ordinairement leurs noms sur les impressions qu'ils produisent[2].

En 1700, au décès du frère aîné, l'imprimerie passa au nom de Philippe Prarond, petit-neveu de Philippe et de Blaise Tan[3]. Toutefois ce dernier conserva des droits dans l'atelier et continua d'y travailler pour son compte ainsi que l'indique un mandat qui lui fut délivré par la mairie le 3 mai 1702, pour avoir fourni l'année précédente des billets de logement[4].

Vers la même époque, on trouve à Chalon, comme marchand libraire, Hugues Tan ou Huguetan qui pouvait être uni par des liens de parenté à la famille des typographes Tan[5].

M. Pellechet rapporte qu'à ce moment « le gain des imprimeurs était si peu de chose dans les petites villes, qu'ils étaient obligés de faire plusieurs métiers pour vivre ». A l'appui de cette assertion, un procès-verbal de visite faite par le lieutenant général de police constate qu'on trouva dans la boutique de Blaise Tan « quelques marchandises de terres (*sic*) et des fromages qu'il vend pour gaigner sa vie[6] ».

En 1701, cet imprimeur, malgré son état de gêne, était officier dans la « Compagnie des Grands Artisans » érigée au collège de Chalon[7].

Deux ans après, au rôle d'une imposition spéciale, il fut

1. Voir Pièces justif., n° 5.
2. Voir pp. 27 et 28.
3. *Ibid.*, p. 29.
4. Cf. Arch. mun. de Chalon-s-S., CC, 109, reg. f° 38.
5. *Ibid.*, FF, 10.
6. Cf. M. Pellechet, *op. cit.*, p. 149.
7. Cf. Arch. mun. de Chalon-s-S., GG, 48.

compris pour 28 sols, comme marchand faïencier, habitant la rue Saint-Vincent[1].

Le 28 mai 1704, se jugeant surtaxé, il forma opposition à ses cotes de taille pour les années 1702 et 1703, et fit assigner le maire et les échevins pour plaider sur son opposition. Par sentence du bailliage temporel, il fut condamné le 6 juin suivant, à payer par provision 36 livres pour sa taille de 1704[2]; mais étant décédé le 21 août de la même année, âgé de plus de 70 ans[3], les frais, en raison de l'excès de sa cote, furent quittés à sa veuve, à la suite d'un accommodement avec les magistrats[4]. L'affaire ayant été portée en appel au Parlement, les magistrats municipaux décidèrent le 4 septembre 1704, du consentement de la veuve Tan, « que moyennant la somme de 72 livres qui lui sera rendue par le receveur de la communauté, led. procez demeure dez à présent esteint et assoupy entre les parties[5] ».

***

Nous ne pouvons citer aucune impression signée seulement de Blaise Tan. Nous mentionnerons donc simplement plusieurs brochures portant les noms des deux frères.

> *St-Maurice, martyr*, tragédie dédiée aux Magistrats de la ville, au sujet de la distribution des prix au collège. In-4°, 15 p.
>
> « A Chalon, chez Philippe et Blaise Tan, Imprimeurs de la ville et du Collége, 1675[6]. »

1. Cf. Arch. mun. de Chalon-s-S., CC, 157, reg. f° 8.
2. *Ibid.*, CC, 9.
3. Voir Pièces justif., n° 12.
4. Arch. mun. de Chalon-s-S., CC, 158, reg. f° 24.
5. Cf. *Ibid.*, reg des délib. particulières, BB, 47, f° 99.
6. Arch. mun. de Chalon-s-S., GG, 53.

Cette tragédie ne contient que l'analyse de la pièce et les noms des personnages et des acteurs.

Oraison funèbre de Jean de Maupeou, évêque de Chalon, par Jacques de Thésut. In-8°, 1677[1].

Pour les imprimeurs, Papillon a mis :

« Chalon, Philibert et Blaise Tan. » Il s'agit évidemment d'une erreur d'impression, et l'auteur a voulu indiquer Philippe Tan[2].

Harangve fvnebre de Messire Iean de Mavpeov Evesque et Comte de Chalon svr Saone, prononcée par I. Sousselier, ecclésiastique, en l'église des Ursulines, le 15 juin 1677. In-8°, 37 p.[3].

Oraison fvnebre de Messire Jean de Mavpeov evesque et Comte de Chalon svr Saone prononcée le 11 Ivin 1677 par le R. P. Archange de Lyon, Prédicateur Capucin, dans l'Eglise des Religieuses de la Visitation de Sainte Marie de Chalon, où son Cœur est inhumé. In-4°, 43 p., et en plus 2 autres, non chiffrées, dont la 1re porte les armes de l'évêque, et l'autre la permission d'imprimer. « Philippe et Blaise Tan », s. d.[4]

Ordonnances synodales de Monseigneur l'Evesque et Comte de Chalon sur Saone, de l'année 1680. In-18, 32 p.

« A Chalon, Par Philippe et Blaise Tan, Imprimeurs de Monseigneur l'Evesque, MDCLXXX[5]. »

A la p. 32 on trouve la XXXVe Ordonnance défendant aux ecclésiastiques du diocèse de prendre part aux exercices des Tirs.

Suiets de Piété pour les Conférences ecclésiastiques du

1. Cf. PAPILLON, *op. cit.*, 2e vol., p. 315.
2. *Ibid.*
3. Bibl. de M. Laurent-Coulon, à St-Marcel.
4. Arch. de la Société d'Histoire et d'Archéologie de Chalon-s-S., G. 18.
5. Bibl. mun. de Tournus, n° 10567.

diocèse de Chalon sur Saone, dans l'année 1680, etc. In-18, 95 p. MDCLXXX[1].

Concilium Cabilonense II sub Leone III Papa et Imperatore Carulo magno, celebratum anno Domini 813. In-18, 34 p.[2].

VII.

PHILIPPE PRAROND.

Cet imprimeur était fils de François Prarond, chirurgien et maître barbier-perruquier à Chalon, et de Jeanne Tan, fille de Francois Tan, décédé marchand à Autun, et de Marie May[3]. Il était en outre petit-fils de Claude Prarond, époux de Marie Forestier, qui avait été marchand à Chervières-en-Forez[4].

En 1700, ayant fait un apprentissage de trois ans à Autun, chez Pierre Laymeré[5], il succéda à son grand-oncle Philippe Tan; mais, comme nous l'avons dit, Blaise Tan « conserva le droit d'usage dans l'imprimerie[6] », et d'ailleurs Philippe Prarond était bien jeune pour diriger seul une imprimerie.

Le 9 mars 1701, il était depuis trois semaines au service du roi, et, ce jour, son père dut répondre pour lui lors d'une perquisition faite dans sa librairie pour rechercher un livre défendu[7]. Il s'agissait du *Recueil des Ordonnances sinodales du diocèse de Chalon*, par l'évêque Henri-Félix de

1. Bibl. mun. de Tournus, n° 10567.
2. *Ibid.*
3. Cf. Arch. mun. de Chalon-s-S., par. St-Vincent, mar., 1682.
4. *Ibid.*
5. Cf. M. Pellechet, *op. cit.*, p. 149. C'est sans doute par erreur que cet auteur désigne Prarond sous le prénom de Pierre.
6. *Ibid.*
7. Cf. Arch. mun. de Chalon-s-S., FF, 10.

Tassy, ouvrage qui venait d'être imprimé à Lyon. Le volume fut saisi en vertu d'un arrêt du Conseil d'état en date du 28 février 1701, comme contenant « plusieurs choses contraires aux usages du royaume et au bon ordre de la justice », et le prélat chalonnais perdit « le privilège qui lui avait été accordé en 1682 de faire imprimer les livres nécessaires à son diocèse[1] ».

Pour une cause que nous n'avons pu trouver, l'ancienne imprimerie des frères Tan passa bientôt à Bernard Lamottetort qui fait l'objet d'une autre notice.

Nous ne connaissons aucune impression sortie des presses de Ph. Prarond ; nous savons seulement que le 14 août 1703, il reçut de la mairie un mandat de 35 livres pour fournitures faites cette année au compte de la Ville[2].

VIII.

JEAN NANTY.

Par une requête[3] sans date, remise au maire et aux échevins, le s[r] Jean Nanty, « imprimeur de la ville de Lyon », expose qu'il désire venir travailler de son métier à Chalon, et sollicite l'autorisation d'être reçu avec sa famille au nombre des habitants, tout en jouissant de leurs droits et privilèges et contribuant aux charges de la communauté.

D'après cette requête, présentée selon toute apparence en juillet 1703, Jean Nanty ne demandait aucune des faveurs spéciales accordées jadis à Jehan Desprez, et ce fait montre que, pendant le siècle précédent, l'imprimerie s'était implantée à Chalon.

1. Cf. M. Pellechet, *op. cit.*, p. 150.
2. Cf. Arch. mun. de Chalon-s-S., CC, 111, reg. f° 58.
3. Voir Pièces justif., n° 10.

Le 27 juillet 1703, le maire Noyrot décida que la requête en question serait communiquée au procureur du roi « pour y donner ses conclusions et y estre faict droit ainsy qu'il apartiendra[1] ».

Le même jour, ce dernier, vu l'art. 13 d'une déclaration royale, enregistrée au Parlement de Dijon le 23 juillet 1697, ordonna que le s[r] Nanty, après avoir justifié qu'il est de bonnes vie et mœurs, qu'il professe la religion catholique, apostolique et romaine, et qu'il a prêté le serment requis, sera reçu au nombre des habitants. La même Ordonnance ajoutait qu'à peine de 50 livres d'amende, défense était faite au solliciteur d'exercer sa profession avant l'accomplissement des formalités ci-devant indiquées[2].

Il les remplit bientôt, car la même année, lors d'une imposition spéciale, il est désigné comme imprimeur, habitant rue « aux Febvres[3] ».

Comme l'indique sa requête, J. Nanty avait une famille en arrivant à Chalon, et nous savons que sa fille Andrée épousa le 5 septembre 1714 Antoine Delespinasse, né à Lyon, alors libraire à Chalon[4]. Elle décéda le 4 avril 1768[5], laissant un fils qui, n'ayant pu remplacer l'imprimeur Claude Desaint[6], continua le commerce de son père et mourut en 1781[7].

J. Nanty eut aussi un fils prénommé Laurent, qui paraît lui avoir succédé[8] lors de son décès arrivé le 17 mai 1729[9].

1. Voir Pièces justif., n° 11.
2. *Ibid.*
3. Cf. Arch. mun. de Chalon-s-S., CC, 157, reg. f° 10.
4. Cf. *Ibid.*, par. St-Georges, reg. des mar., 1714.
5. *Ibid.*, par. St-Vincent, reg. des inh., 1768.
6. Voir Pièces justif., n° 23.
7. Cf. Arch. mun. de Chalon-s-S., par. St-Georges, reg. des inh., 1781.
8. Voir p. 54.
9. Voir Pièces justif., n° 20.

Aux environs de 1720, Nanty se permit d'imprimer une *Ode* avec la permission de « Messieurs du Présidial ». Pour cette dérogation aux règlements, le 15 janvier de cette année, défense lui fut faite sous les peines portées aux édits et aux arrêts du Conseil d'état, d'imprimer à l'avenir sans l'autorisation du Maire, lieutenant général de police[1].

Pendant que J. Nanty exerçait sa profession à Chalon concurremment avec Bernard Lamottetort dont nous allons parler, une troisième imprimerie fut créée dans la même ville par Claude Desaint auquel nous consacrerons une notice.

Parmi les impressions de J. Nanty nous mentionnerons :

1° Livres :

> *Discours analomiqnes prononcés dans l'amphithéâtre de chirurgie*, par Jacques-Philibert Morel, médecin du roi, né à Chalon-sur-Saône (1632-1725). In-18, 4 feuillets non chiffrés et 509 p. dont 3 d'errata. « Chalon sur Sône, chez Jean Nanty, Imp. et Libr. Juré du Roy, du Bailliage et du Siége présidial et de la Ville, MDCCXVI[2]. »

Suivant Moreri, à 91 ans, le médecin Morel « avoit encore l'esprit si présent, qu'il récitoit des pages entières d'auteurs grecs et latins qu'il avoit lus dans sa jeunesse[3] ».

> *Méditations pour une retraite spirituelle des Curés pour l'usage des Curés et autres prêtres qui font retraite dans le séminaire de Chalon sur Sône*, par le P. Edme Cloyseault, prêtre de l'Oratoire, grand vicaire du Diocèse de Chalon et supérieur du séminaire. In-12, 4 feuillets sans pagination pour table, 374 p. plus 7 autres pour avis aux curés du diocèse. « Chez Jean Nanty, ancien Impr. et Libr., MDCCXXIV[4]. »

1. Voir Pièces justif., n° 15.
2. Bibl. mun. de Chalon-s-S., n° 491.
3. Moreri, *Le grand Dictionnaire historique*, 1er sup., p. 101.
4. Bibl. de M. Desbrosses, collectionneur, à Chalon-s-S.

Petit Catéchisme. « Imprimé par Ordre de Monseigneur l'Évêque et Comte de Chalon sur Sône. » Petit in-8°, VIII-114 p. et, à la suite pour l'approbation, 3 pages non chiffrées. MDCCXXVII[1].

A la bibliothèque municipale de Tournus, on trouve un autre *Catéchisme* composé avec des caractères différents et portant la même date et le nom de Jean Nanty. Pour cette dernière brochure l'impression est en général moins soignée et la 1re page contient une gravure sur bois *La Trinité dans la gloire*, et un cul-de-lampe *Ecce homo* à la page 46.

2° Impressions diverses :

Lettre écrite à un Médecin refugié en Suisse, qui contient en abrégé, un véritable éclaircissement sur la cause des fiévres continuës arrivées en grand nombre depuis le mois de juillet jusqu'en novembre 1709 avec la manière de les traiter, où l'on suit par tout la nature et ses mouvemens, qui sont les seuls moyens qu'on doit employer pour les guérir, par Jacques Moreau, docteur en médecine. In-12, 1709[2].

Ce médecin, né à Chalon-sur-Saône, le 15 mai 1647, était fils d'Abinadab Moreau, receveur des domaines du roi.

Réponse à M. Moreau, Médecin de Chalon, par François Bacot de la Bretonnière. In-12, 30 pages, 1710[3].

Il était né à Verdun-sur-le-Doubs et docteur en médecine de la Faculté de Louvain.

Exposition des erreurs et des contradictions dans lesquelles M. Martiny, Médecin, est encore tombé, en examinant la Réfutation qui a été faite à sa Réponse à la Lettre écrite à un Médecin refugié en Suisse, sur les fiévres de 1709, par Jacques Moreau, docteur en médecine. In-12, 1711[4].

1. Bibl. de M. P. Besnard, Vice-Prés. de la Soc. d'Hist. et d'Arch. de Chalon-s-S.
2. Cf. Papillon, *op. cit.*, 2e vol., p. 84.
3. *Ibid.*, 1er vol., p. 8.
4. *Ibid.*, 2e vol., p. 84.

Dissertation physique sur l'hydropisie, fort curieuse pour les Sçavans, très utile au Public; on y fait voir l'abus des purgatifs dont on se sert mal-à-propos pour les guérir, et ensuite les vrais remèdes, par Jacques Moreau, médecin. In-12, 1712[1].

Oraison pour obtenir son salut, en la disant tous les jours à la Sainte Messe, avec un cœur certainement contrit et humilié, par le Dr Jacques Moreau. In-12, 1713[2].

Arrest du Conseil d'état du Roy concernant les billets de banque de dix mille livres et de mille livres (3 décembre 1720). In-4°, 4 p. « Chez J. Nanty... à la grand Ruë », s. d.[3]

Le triomphe d'Apollon, comédie ornée d'intermèdes, de musique, de symphonie et de danses (représentée le jour de la distribution des prix par « Messieurs les écoliers de Rhetorique du Collège de la compagnie de Jesus », le 22 juin 1723). In-4°, 8 p.

Il ne s'agit que d'une analyse de la comédie, avec indication des personnages et des acteurs.

« A Chalon sur Sône, chez J. Nanty, Impr. et Libr. Juré du Roy, de Monseig. l'Illustr. et Révér. Evêque et du Clergé, du Bailliage et Siége présidial, de la Ville et du Collége », 1723[4].

3° Affiches :

Extrait des Registres du Greffe du Présidial de Châlon sur Saone (11 mai 1708). « Défense à l'Exécuteur de la Haute-Justice » de percevoir des droits sur la place du Marché (place Saint-Vincent). Placard. « A Châlon, chez Jean Nanty, imp. du Roy et de la Ville, à la Ruë aux Fèvres », s. d.[5]

Ordonnance du Maire et des Echevins relative au tirage

1. Cf. Papillon, *op. cit.*, 2e vol., p. 85.
2. *Ibid.*
3. Bibl. mun. de Chalon-s-S., rec. f., 1156 *(bis)*, 1er vol., n° 5.
4. Arch. mun. de Chalon-s-S., GG, 53.
5. *Ibid.*, CC, 15.

au sort pour remplacer un milicien réformé (23 mars 1727). Sous forme de placard.

« Chez J. Nanty, Ancien Imp. et Libr. Juré du Roy, du Bailliage et Siége Présidial de la Ville », s. d.[1].

IX.

BERNARD LAMOTTETORT.

Suivant M. Pellechet, le père de cet imprimeur, né à Toulouse, avait repris à Autun le 23 juin 1676, le fonds du typographe Simonot dont il avait épousé la fille. Devenue veuve, cette dernière s'était remariée, peu après 1690, avec François Perdrix, natif de Clermont, qui continua d'exploiter l'établissement du défunt[2].

Ce dernier mariage nous apprend en partie comment Bernard Lamottetort[3] avait été amené à venir à Chalon.

Le 30 janvier 1704, résidant dans cette ville, il épousa Claudine Prarond[4], sœur de Philippe Prarond qui avait repris l'atelier de Ph. Tan, atelier dans lequel Blaise Tan avait conservé des droits. Ce dernier étant décédé quelques mois plus tard, l'imprimerie des frères Tan passa entièrement au nom de Lamottetort.

De son mariage, ce dernier eut :

1° Jeanne, née le 10 décembre 1705;

2° Claude-Marie, né le 12 septembre 1708;

3° Catherine, née le 27 novembre 1711;

4° Claude-Catherine, née le 3 juin 1713;

1. Arch. mun. de Chalon-s-S., EE, 5.

2. Cf. M. Pellechet, *op. cit.*, p. 147.

3. Sur ses travaux d'impression, il indiqua son nom : B. Lamothetort, Bernard Lamote-Tort ou B. Lamotthe-Tort. Nous avons choisi l'orthographe portée dans son acte de mariage, orthographe qui figure aussi dans les actes de baptêmes de ses enfants.

4. Cf. Arch. mun. de Chalon-s-S., par. St-Vincent, mar., 1704.

5° Jean-Baptiste, né le 2 novembre 1714[1].

En même temps qu'imprimeur, Bernard Lamottetort fut marchand et libraire en une maison sise place Saint-Vincent[2].

Pendant qu'il dirigea son établissement, il travailla pour l'évêché, le clergé, le collège et la municipalité[3]. Le 21 octobre 1720, le receveur de la ville lui solda, partie en billets de banque, une somme de 650 livres pour divers travaux d'imprimerie[4].

Nous avons relaté qu'au commencement du XVIIIe siècle, certains imprimeurs avaient peine à vivre dans les petites villes[5]. Lamottetort en est une nouvelle preuve. En 1723, ne pouvant faire honneur à ses affaires, il partit à Besançon. Cinq ans plus tard, il restait devoir aux PP. Minimes de Chalon 310 livres sur la location d'une maison qu'ils lui avaient donnée à bail le 16 septembre 1719. En outre, il devait à Anne Guépet, veuve du traiteur Abraham Desgranges, 15 livres pour cinq années de location d'un cabinet sis 16, place Saint-Vincent, où, en partant, il avait déposé son matériel d'imprimerie, et, depuis le 24 juin 1723, 70 livres pour amodiation d'un logement. Le 14 août 1728, les PP. Minimes firent saisir le matériel, l'imprimeur Jean Nanty en devint le gardien volontaire, et le 1er octobre suivant, la vente aux enchères eut lieu sur la place du Châtelet. Le tout fut adjugé au typographe Claude Desaint de Chalon-sur-Saône aux prix suivants : les deux presses, 32 livres 15 sous; les bois, planches, gravures et autres ustensiles d'imprimerie, 102 livres 10 sous, et 1.466 livres de fontes, 219 livres 18 sous, soit

1. Cf. Arch. mun. de Chalon-s-S., par. St-Vincent, bapt., de 1705 à 1715.
2. Cf. Arch. dép., Série H, 335, n° 54.
3. Voir p. suivante.
4. Cf. Arch. mun. de Chalon-s-S., CC, 124, reg. non folioté.
5. Voir p. 26.

pour l'ensemble 355 livres 3 sous. Cette somme fut remise le 10 octobre suivant au supérieur des Minimes, le R. P. Louis Robelot, qui traita le même jour avec la veuve Desgranges[1].

De cet imprimeur, nous indiquerons les travaux suivants :

1° Impressions diverses :

Prolusiones in humaniores literas. In templo collegii Cabilonensis societatis Jesu, die 17 augusti anno 1708. In-4°, 20 p. Chalon, B. Lamothetort, 1708[2].

Constitution de Nostre Saint Pere le Pape Clément XI du 8 septembre 1713, en latin et en françois, portant condamnation de plusieurs propositions, extraites d'un Livre imprimé en François et divisé en plusieurs tomes, intitulé *Le Nouveau Testament en François avec les Reflexions morales sur chaque verset, etc.*, à Paris, 1699, et autrement *Abrégé de la Morale de l'Évangile, des Épîtres canoniques et de l'Apocalypse ou Pensées Chrétiennes sur le texte de ces livres sacrez, etc.* A Paris, 1693 et 1694, avec Prohibition tant de ce livre, que de tous les autres qui ont paru ou qui pourront paroître à l'avenir pour sa défense. In-4°, 29 p. « Bernard Lamote-Tort, MDCCXIV[3]. »

Mandement de Monseigneur l'Eveque Comte de Chalon pour l'acceptation et publication de la Constitution de nôtre Saint Père le Pape Clément XI, du 8 septembre 1713 qui commence par ces mots Unigenitus Déi Filius, etc. In-4°, 15 p. (avec les armes de l'évêque). « Bernard Lamote-Tort, Imprimeur de Mons. l'Illustr. et Rev. Evêque, du Clergé, de la Ville et du Collége, Place Saint-Vincent », s. d.[4]

Odes, par Louis Joly. In-8°, 38 p., 1716[5].

1. Cf. Arch. dép., H, 335, n° 54.
2. Bibl. mun. de Chalon-s-S., 1262 (3), Catal. de la Bibl. de M. Coste, 2e vol., p. 788.
3. Bibl. de M. Desbrosses.
4. Arch. de la Soc. d'Hist. et d'Arch. de Chalon-s-S., G. 19.
5. Cf. Papillon, *op. cit.*, 1er vol., p. 346.

Extrait des privilèges de la ville et cité de Chalon sur Saône octroyez par les rois de France, et confirmez par le très chrétien et très auguste Henri IV, roi de France. In-4°, s. d.[1]

Confirmation des privileges de la ville et cité de Châlon sur Sône. (Privilèges accordés par Henri IV, Louis XIII et Louis XIV). In-4°, 7 p., s. d.[2]

Lettres patentes de Louis XV, roy de France et de Navarre, qui confirment les Priviléges de la Ville et Cité de Chalon sur Sône (avril 1719). In-4°, 4 p. « A Chalon chés Bernard Lamote-Tort », s. d.[3]

Reglement pour l'Hopital de la Ville et Cité de Châlon sur Sône (7 novembre 1684). Petit in-fol., 20 p.

« A Chalon, chez Bernard Lamothetort, Imprimeur de Monseigneur l'Evêque, de la Ville et du Collége, Place Saint-Vincent », s. d.[4]

2° Affiches :

Ordonnance suivant laquelle « les Hôteliers et Cabaretiers et autres vendans vins aud. Châlon, sujets au Droit de huitain, qui prétendront que parmi ceux qu'ils vendent et débitent, il y en a qui provient de leur crû, seront tenus d'en tirer tous les ans un certificat du Curé des Paroisses de la quantité des piéces de vin, et de les représenter aux Suplians avant que d'encaver lesd. vins, pour qu'ils les puissent reconnoître et marquer, à peine contre les contrevenans de payer le Droit de huitain de tous les vins qu'ils débiteront. » (Dijon, 5 mars 1704.) Sous forme de placard.

« A Chalon, Par B. Lamotthe-Tort, Imprimeur juré de la Ville et du Collége, Place Saint-Vincent », s. d.[5]

Ordonnance du Commissaire des guerres en date du 21 août 1707, par laquelle diverses communes des environs sont requises d'amener au faubourg des Eschavannes le

1. Catalogue de la bibl. de M. Louis Mallard, p. 261.
2. Arch. mun. de Chalon-s-S., AA, 19.
3. Bibl. mun. de Chalon-s-S., rec. f., 1156 (*bis*), 8e vol., n° 4.
4. Arch. mun. de Chalon-s-S., GG, 56.
5. *Ibid.*, CC, 30.

24 août suivant des quantités déterminées de paille de seigle qui sera payée 15 sols le quintal. 28 exemplaires en forme de placard avec espace en blanc pour indiquer les communes et les quantités à livrer. « De l'Imprimerie de Lamotthe-Tort, Imprimeur de la Ville, Place Saint-Vincent », s. d.[1]

Mandement de Mgr de Tassy pour l'assistance des pauvres (mai 1709), s. d.[2]

Publié en forme de placard, ce mandement donne des recettes de cuisine intéressantes au sujet de la disette.

X.

CLAUDE DESAINT

Ce typographe chalonnais[3] naquit à Mâcon le 4 octobre 1696[4], de Jean-Adrien Desaint, imprimeur en cette ville pendant près de 48 ans[5], et de Marguerite Cadot[6]. Son frère Jean, également typographe, reprit l'atelier paternel et le dirigea de 1743 à 1755[7]. De plus, plusieurs membres de la famille Desaint furent à la tête d'imprimeries à Dijon et à Paris[8].

Le jeudi 2 mars 1719, Claude Desaint ayant acquis à Chalon la librairie de feu Jean Rossignol, fut reçu sur sa demande comme habitant de la cité et, à ce sujet, paya les droits dus[9].

1. Arch. mun. de Chalon-s-S., CC, 163.
2. Arch. de la Société d'Hist. et d'Arch. de Chalon-s-S., J. 17.
3. Dans son acte de mariage son nom est écrit « Desin » ; il signait « Desaint » ; il mettait « De Saint » sur ses impressions, et son acte d'inhumation porte « Dessaint ».
4. Cf. M. Pellechet, *op. cit.*, p. 171.
5. Cf. Gloria, *Annales de l'Académie de Mâcon*, 1877, p. 292.
6. Voir Pièces justif., n° 14.
7. Cf. Gloria, *op. cit.*, p. 293.
8. Cf. M. Pellechet, *op. cit.*, p. 171.
9. Cf. Arch. mun. de Chalon-s-S., FF, 21, reg. f° 91.

Le 30 mai suivant, il épousa en ville Claudine Michelin, fille de feu Guillaume Michelin, procureur et notaire royal à Chalon[1]. Son acte de mariage nous apprend qu'il était frère de Jean-Baptiste et de Pierre Desaint, que son oncle Etienne Henri était notaire à Crèches, et que la future était sœur de Guillaume Michelin qui semble avoir repris les fonctions de son père. Les registres de la paroisse Saint-Vincent constatent en outre qu'une sœur de Claudine Michelin, prénommée Anne, se maria le 3 février 1728 avec Jacques Ledret, marchand à Chalon[2].

De son mariage, Claude Desaint eut, le 30 mai 1722, un fils qui reçut le prénom de Guillaume[3], fut pendant de longues années curé d'Ouroux[4], et habita ensuite la place de la Révolution à Chalon où il mourut le 27 vendémiaire an VII[5]. Il eut aussi une fille, prénommée Anne, qui épousa le médecin Philibert Cochon, né à Chalon, fils de Salomon, pharmacien, et de Anne Disson. Elle mourut dans la même ville le 4e jour complémentaire de l'an XII, âgée de 70 ans[6]. Les époux Cochon-Desaint eurent entre autres filles : 1° Anne, née le 29 janvier 1769, qui épousa Jean Baptiste Martin, negociant, grand-père de Mme veuve Nivet, née Anne-Louise Granjon, âgée de 92 ans, ayant pour fils M. Georges Nivet, avocat, et pour petit-fils M. Alphonse Nivet, docteur en médecine, tous domiciliés à Chalon ; 2° Jeanne Françoise, née le 17 juillet 1772, qui s'unit à Joseph-Désiré Montarlot, avoué dans la même

1. Voir Pièces justif., n° 14.
2. Cf. Arch. mun. de Chalon-s-S., par. St-Vincent, reg. des mar. 1728.
3. *Ibid.*, reg. des baptêmes, 1722.
4. Cf. Abbé Bauzon, *Recherches sur la persécution relig. dans le Dépt de S.-et-L.*, p. 777. Par erreur, cet auteur le désigne comme frère de Claude Desaint.
5. Cf. Arch. mun. de Chalon-s-S., reg. des décès, an VII.
6. *Ibid.*, an XII.

ville, grand-père de M. Paul Montarlot, ancien magistrat, auteur de divers ouvrages intéressant la région [1].

D'après M. Pellechet, Claude Desaint fut reçu imprimeur à Chalon le 20 juillet 1719 [2], puis, le 1er octobre 1728, comme nous l'avons déjà dit, il se rendit adjudicataire du matériel de l'imprimerie de Bernard Lamottetort [3]. Enfin un arrêt du Conseil d'état, daté du 4 janvier 1731, le maintint dans la ville comme seul imprimeur [4], et ce privilège lui fut confirmé par un nouvel arrêt du 12 mai 1759 [5].

En 1730, Benoît Salviet, architecte à Chalon, fut chargé par les habitants de Saint-Jean-des-Vignes de dresser un devis des réparations à faire à leur église. L'année suivante, les travaux furent adjugés à l'imprimeur Claude Desaint, lequel fit remise à Nicolas Guillon, officier de l'évêque, « de la délivrance qui lui avait été faite des réparations et constructions à faire à ladite église [6] ».

Selon M. Gloria, son frère Jean étant mort à Mâcon le 28 septembre 1755, il procéda le 2 octobre suivant, à l'inventaire « des caractères, casses, gravures, presses et autres ustensiles de l'atelier », puis à celui des livres de sa librairie [7].

Durant l'année 1764, il enfreignit l'art. 102 du règlement du 28 février 1723 relatif à l'imprimerie, et l'arrêt du Conseil d'état du 24 mars 1744, en imprimant 1.200 exemplaires d'un *Avis au public*. Pour ce fait, le 5 décembre 1764, il fut condamné à une amende de 5 sous [8].

De plus, M. Pellechet dit que « on trouve quelques ren-

1. Renseignements donnés par M. G. Nivet, avocat.
2. Cf. M. Pellechet, *op. cit.*, p. 171.
3. Voir p. 36.
4. Voir Pièces justif., n° 23.
5. *Ibid.*
6. Cf. Arch. dép., H, 537.
7. Cf. Armand Bénet, *Annales de l'Académie de Mâcon*, 2e série, t. IV, p. 310.
8. Cf. Arch. mun. de Chalon-s-S., FF, 35, reg. non folioté.

seignements sur Desaint dans différents volumes de la collection relative à la Librairie (Bibl. nat., ms. f. fr.)[1] ».

Pour montrer combien les Imprimeurs étaient peu libres sous Desaint, nous dirons que l'art. 85 du Règlement de 1723 « enjoint aux Imprimeurs de tenir leurs imprimeries ouvertes ou seulement fermées d'un loquet pendant les heures de travail, à peine de 50 livres d'amende, payables un tiers par le directeur ou conducteur de l'imprimerie, et le surplus par les compagnons, apprentis ou ouvriers »[2]. En second lieu, nous reproduirons aux *Pièces justificatives* un Règlement du 8 février 1727[3], et nous ajouterons que le 28 avril 1728, le garde des sceaux, sous prétexte de prévenir l'impression de libelles, expédia une lettre-circulaire aux procureurs généraux pour les engager à veiller à l'exécution des Ordonnances royales sur l'imprimerie[4]. A la suite de cet envoi, le procureur général de Dijon adressa au maire de Chalon, le 4 mai suivant, une lettre par laquelle il l'exhortait à exécuter les ordres du garde des sceaux et « de remplir toutes ses intentions avec un zèle plein de prudence que l'audace ne puisse ralentir, et que la ruse ne puisse tromper[5] ».

A Chalon, Cl. Desaint sut gagner l'estime et la considération de ses concitoyens. Aussi, en plusieurs circonstances, firent-ils appel à ses connaissances et à son dévouement. Le 18 décembre 1758, en qualité de notable et comme marchand, il signa la transcription des lettres de provision pour le maire Claude Perrault[6]. Trois ans

1. Cf. M. Pellechet, *op. cit.*, p. 171.
2. *Bulletin officiel de l'Union syndicale des Maîtres Imprimeurs de France* (octobre 1912).
3. Voir Pièces justif., n° 16.
4. *Ibid.*, n° 17.
5. *Ibid.*, n° 18.
6. Cf. Arch. mun. de Chalon-s-S., BB, 39, reg. non folioté.

plus tard, il était juge au tribunal consulaire[1], et enfin il fut élu échevin en 1761[2] et en 1762[3].

Terminons en disant que Desaint mourut le 29 novembre 1771, et qu'il fut inhumé le lendemain dans l'église des Carmes[4].

Signature de Claude Desaint

Parmi ses impressions nous indiquerons :

1° Livres :

Rituel à l'usage du diocese de Chalon, « nouvelle édition, revue, corrigée et imprimée par l'Ordre d'illustrissime et reverendissime Seigneur, Monseigneur François Demadot, eveque et comte de Chalon, Conseiller du Roy en ses conseils, etc. ». In-4°.

Le volume contient : 1° 3 feuillets non paginés; 2° 475 p. avec frontispice, lettre ornée au commencement des chapitres et cul-de-lampe à la fin; dans le texte, tantôt latin, tantôt français, vignettes et plain-chant en typographie; 3° 4 feuillets de tables.

Au bas du titre : « Chés Claude De Saint, imprimeur du Roy, de Monseigneur l'Evêque, du Clergé et de la Ville, MDCCXXXV[5]. »

Catéchisme. Imprimé par ordre de Mgr l'Evêque et Comte de Chalon. In-16, 1735[6].

Officia propria sanctorum insignis ecclesiae cathedralis Cabilonensis Ejusque Dioecesis Auctoritate Reverendissimi

1. Arch. mun. de Chalon-s-S., FF, 100.
2. *Ibid.*, BB, 39.
3. *Ibid.*, BB, 40.
4. Voir Pièces justif., n° 22.
5. Bibl. de la Société d'Hist. et d'Arch. de Chalon-s-S.
6. *Catal. de la vente Boisserand, à Chassey*, 15 mars 1870.

Domini Domini Francisci de Madot, Epis. Cabil. Et de consensu Capituli Dictae Ecclesiae ad normam Breviarii Romani accommodata.

« Cabilone, Apud Claudium De Saint Regis, Episcopi, Cleri, nec-non Urbis Typographum, MDCCXLVIII. » In-8°, 10 p. non chiffrées portant indication des fêtes, et 155 p.[1]

Catéchisme du diocèse de Chalon, « donné par Louis-Henry de Rochefort d'Ally, évêque et comte de Chalon ». In-12, XXXX-156 p., MDCCLXIX[2].

Recueil des Offices et Prières qui se chantent pendant les processions et Octave de la Fête du très-Saint-Sacrement dans l'église cathédrale, tirés du Nouveau Bréviaire et du Processionnal de ladite Eglise, avec les Statuts et Réglemens de la Confrairie, establie en l'église de Saint-Vincent de Chalon-sur-Saône. In-18, 79 p., MDCCLXX[3].

2° Impressions diverses :

Relation abrégée de ce qui s'est fait à Chalon sur Saône en action de grâces et en réjouissance de la naissance de Mgr le Dauphin. In-4°, 8 p., 1727[4].

Relation des Réjouissances qui ont été faites dans la ville de Chalon sur Saone, à l'occasion de la naissance de Monseigneur le Dauphin (Imprimée par ordre des Magistrats chalonnais). In-8°, 22 p.

« A Chalon, chez Claude De Saint, Imprimeur du Roy, de Mgr l'Evêque, du Clergé, de la Ville et du College, MDCCXXIX »[5].

Remede sur pour les morsures des Bêtes enragées, en quelque endroit du corps que l'on soit mordu, il vient de Mr de Rouxelle, Chirurgien de Roüen. Remède composé « de Racines d'aiglantier ou rosier sauvage, d'huile de noix tirée sans feu et de trois œufs ».

Tract imprimé aux frais de la ville « pour en distribuer à

1. Bibl. de la Soc. d'Hist. et d'Arch. de Chalon-s-S.
2. *Ibid.*
3. Bibl. mun. de Tournus, n° 12287.
4. Catal. de la bibl. de M. Louis Mallard, p. 262.
5. Bibl. mun. de Chalon-s-S., rec. f., 1156 (*bis*), 8e vol., n° 5.

toutes les villes et communautez villageoises des environs pour s'en servir. A l'Hôtel de ville de Chalon ce 12 juillet 1733. » In-4°, 4 p. « A Chalon, De l'Imprimerie de Claude De Saint, seul Imprimeur dans lad. Ville, MDCCXXXIII[1]. »

Déclaration du Roi concernant la forme de tenir les Registres des Bâtêmes, Mariages, Sépultures, Vétures, Noviciats et Professions, et des Extraits qui en doivent être délivrez. (9 avril 1736.) In-4°, 16 p. « A Chalon, Chez Claude De Saint, seul Libraire, Imprimeur du Roy », s. d.[2]

1° *Requête adressée au Parlement de Dijon par la municipalité au sujet du procès entre la commune de Chalon et les Religieux de Saint-Pierre*, par l'avocat Bataillard. In-f°, 154 p. « Accompagnée de deux plans dressés par Edme Martin, arpenteur juré ; l'un représente l'état de la ville à l'époque du procès ; l'autre est un essai de reconstitution de l'état ancien des lieux avant l'établissement de la Citadelle[3].

2° *Sommaire des moyens contenus en la Requête des Habitans de Chalon*. In-f°, 4 p.

3° *Preuve des faits anciens contenus dans la Requête des Habitans de Chalon*. In-f°, 63 p.[4]

Le tout imprimé par Cl. Desaint, s. l. n. d., à 200 exemplaires[5] au prix de 500 livres, suivant mandat du 13 avril 1743[6]. En 1739, Pierre-Vincent Roguié reçut 74 livres pour la gravure des plans[7].

Statuts et Réglements pour la Confrérie des Cinquante-Deux Erigée dans l'église des R. P. de Saint-Antoine de

1. Bibl. du Dr Levet, à Chalon-s-S.
2. Arch. de la Soc. d'Hist. et d'Arch. de Chalon-s-S., G. 30, n° 10.
3. P. Besnard, *Recherches hist. sur l'Abbaye de Saint-Pierre*, p. 22.
4. Pour ces 3 imp., Arch. mun. de Chalon-s-S., FF, 84.
5. Cf. *Ibid.*, BB, 49, reg. f° 171.
6. Cf. *Ibid.*, CC, 139, reg. non folioté.
7. Note de M. G. Millot, *Inventaire des Arch. de Chalon-s-S.*, p. 337. La même note mentionne en outre que l'exposé des motifs à l'appui de la requête précitée « contient une accumulation de preuves historiques, très instructive », et que « le procès, commencé en 1730, fut terminé le 11 juillet 1746 par un arrêt du Parlement de Dijon, qui donna gain de cause à la ville ».

Chalon en l'honneur de Saint-Sébastien. In-16, 86 p. MDCCXLIII[1].

Relation des rejouissances qui se sont faites dans la Ville de Chalon sur Saone, à l'occasion du rétablissement de la santé du Roy. In-4°, 16 p., MDCCXLIV[2].

Copie des Lettres patentes en faveur du Clergé de France, au sujet des droits d'amortissemens. (Versailles, 29 juin 1746.) In-4°, 4 p., MDCCXLVI[3].

Statuts de la Confrerie du précieux corps de Notre Sauveur et Redempteur. Erigée en l'Eglise cathédrale Saint Vincent de Chalon. Sans nom d'auteur. In-12, MDCCXLVI[4].

Ces Statuts sont précédés d'un mandement daté du 12 janvier 1582, par lequel « Cirus de Tyard », évêque et Comte de Chalon, approuve l'établissement et les Statuts de cette confrérie et accorde des indulgences à ce sujet.

Copie de la lettre adressée à Monseigneur l'évêque et comte de Chalon par MM. les Agents généraux du Clergé de France pour perception du droit d'insinuation des quittances des droits d'amortissement et d'indemnité (4 janvier 1749). Gr. in-4°, 7 p., s. d.[5]

Relation des Rejouissances faites à Chalon sur Saône les 15 et 16 mars 1749 lorsqu'on y a publié la Paix, que Louis le bien aimé vient de procurer à l'Europe. In-4°, 23 p., MDCCXLIX[6].

Ordonnance de l'Intendant de Bourgogne qui condamne un s^r Garet à 500 livres d'amende pour avoir fait conduire des voyageurs de Beaune à Chalon sans la permission « du fermier des Carosses et Diligences » et qui prononce « la confiscation de la chaise et des chevaux au profit dudit fermier », et *Défense* dans la généralité de Bourgogne, à

1. Bibl. mun. de Tournus, n° 10536.
2. Bibl. mun. de Chalon-s-S., rec. f., 1156 (*bis*), 1er vol., n° 8.
3. Arch. dép.
4. Bibliothèque de M. l'abbé Barraud, à Chalon-s-S.
5. Arch. dép., H, 414, n° 10.
6. Arch. mun. de Chalon-s-S., AA, 20.

tous voituriers de conduire aucun voyageur sur les routes des carosses, sans la permission du fermier (11 août 1752). In-4°, 4 p., s. d.[1]

Lettre en forme de projet pour l'Histoire de Chalon sur Saône, adressée par M. Berthelier, écuyer, à M. Perrault, écuyer, Maire et Lieutenant général de police de la même ville. In-4°, 9 p., MDCCLIV[2].

Hamida, tragédie représentée par les élèves du Collège de Chalon-sur-Saône les 23 et 24 août 1754, et *Le Couronnement de Crêtes*, ballet allégorique (sans nom d'auteur). In-4°, 11 p., MDCCLIV[3].

Observations sur les Patattes appellées communément pommes de terre, par s[r] Montillot, curé de Saint-Loup. In-4°, 6 p., s. d.[4]

Méthode de culture vers 1754 et indication de multiples usages.

Lettres-patentes, concernant l'établissement de l'Hôpital Général de la Charité, dans la ville de Chalon sur Saone (mai 1692). In-4°, 10 p., MDCCLV[5].

Extraits des Adjudications faites à Nicolas Moussiere, des petits Octrois, Péages qui se perçoivent sur la rivière de Saone, et aux portes de la ville de Chalon; lesd. droits d'Octrois et Péages appartenans à lad. Ville (6 et 8 décembre 1753). In-4°, 7 p., MDCCLVI[6].

Devis général des ouvrages à faire à Châlon pour la construction d'un quay de Commerce, le long des rives de la Saône, par Thomas Dumorés (Dumorey). In-4°, 43 p., MDCCLXI[7].

Au Roi et à Nosseigneurs de son Conseil. Le juge et les deux Consuls de Chalon demandent la révocation d'une

1. Bibl. de M. Laurent-Coulon à St-Marcel.
2. Bibl. mun. de Chalon-s-S., rec. f., 1156 (*bis*) 1er vol., n° 3.
3. *Ibid.*, 2e vol., n° 3.
4. *Ibid.*, 227.
5. *Ibid.*, rec. f., 1156 (*bis*), 1er vol., n° 4.
6. Arch. mun. de Chalon-s-S., CC, 25.
7. Bibl. mun. de Chalon-s-S., rec. f., 1156 (*bis*), 2e vol., n° 5.

Déclaration du 7 avril 1759 qui leur enlève une partie de leurs justiciables. Signé : « De Saint, juge, D. Millard, premier Consul, Brisson, l'aîné, second Consul. » In-4°, 12 p. « A Chalon, chez l'Imprimeur du Roy, MDCCLXI[1]. »

Devis general des ouvrages à faire à Chalon, pour la construction d'un Quai de commerce le long des rives de la Saone : Le rétablissement de la Chapelle de la Vierge : Les acqueducs sous-terreins pour la conduite des eaux pluviales à la rivière : Et un jardin public. Conformément aux ordres de M. Dufour de Villeneuve, Intendant de Bourgogne, et aux Plans qui ont été approuvés dans une Assemblée générale de MM. les Maire, Echevins et principaux habitants de Chalon. (Au commencement, petit plan du quai), par Thomas Dumorey, ingénieur ordinaire du roi et ingénieur en chef des Etats généraux (12 janvier 1762). In-4°, 87 p., MDCCLXII[2].

Epoques de l'etablissement des dixiemes, cinquantieme, vingtiemes et deux sols par livre d'iceux. In-4°, 9 p. MDCCLXII[3].

Réjouissances de la Paix, faites à Chalon sur Saone, le dimanche 17 juillet 1763. In-4°, 18 p. MDCCLXIII[4].

Sentence du bailliage de Chalon qui condamne un écrit intitulé Instruction pastorale de Monseigneur l'Archevêque de Paris, sur les atteintes données à l'autorité de l'Eglise par les jugemens des Tribunaux seculiers dans l'affaire des Jésuites *à être laceré et brûlé au pied de l'escalier du Palais, par l'exécuteur de la haute-justice* (31 mars 1764). In-4°, 4 p., s. d.[5]

Arrest du Parlement de Paris qui homologue l'Ordonnance faite par la Chambre de Police de la Ville de Tournus (22 juillet 1766). In-4°, 21 p., s. d.[6]

1. Arch. mun. de Chalon-sur-S., FF, 102.
2. Arch. de la Soc. d'Hist. et d'Arch. de Chalon-s-S., K. 1, n° 1.
3. Bibl. de M. Laurent-Coulon, à St-Marcel.
4. Bibl. mun. de Chalon-s-S., rec. f., 1156 (*bis*) 2° vol., n° 6.
5. Arch. de la Soc. d'Hist. et d'Arch. de Chalon-s-S., D, 12.
6. Arch. mun. de Chalon-s-S., FF, 1.

Ordonnance de l'Intendant au sujet des octrois de la ville de Verdun (26 juillet 1766). In-4°, 4 p. s. d.[1].

Etablissement d'une pension au Collége ou petit séminaire de Saint François de Sales, dans la ville de Tournus. In-4°, 4 p., MDCCLXVI[2].

Mémoire des Officiers du Bailliage, Chancellerie et Siége Présidial de Chalon sur Saone (10 juillet 1768), *Responsif à celui présenté par les Officiers municipaux de Louhans au sujet de la demande qu'ils forment pour l'établissement d'un Bailliage et Siége Présidial dans leur ville.* In-4°, 7 p., MDCCLXVIII[3].

3° Arrêts du Parlement de Dijon se rapportant à Chalon-sur-Saône, et homologuant divers Statuts, Règlements ou Traités :

5 février 1723. — *Règlements* pour les Maîtres Teinturiers. Placard, s. d.[4]

31 mars 1724. — *Statuts et Règlements* des Maîtres Vinaigriers. Placard, s. d.[5]

22 juin 1750. — *Statuts* des Aubergistes. In-4°, 4 p., MDCCL[6].

16 juillet 1751. — *Statuts* des Maîtres Pâtissiers. Placard à 2 col., s. d.[7]

10 janvier 1755. — *Traité* passé le 6 juillet 1581 entre les marchands de charbon de bois et les producteurs. In-4°, 7 p., MDCCLV[8].

2 août 1756. — *Statuts et Règlements* dés Maîtres Tissiers de toile. In-4°, 7 p., MDCCLVII[9].

1. Magasin de M. Sergent, bouquiniste, à Chalon-s-S.
2. Bibl. mun. de Chalon-s-S., rec. f., 1156 (*bis*), 2e vol., n° 8.
3. Arch. mun. de Chalon-s-S., FF, 10.
4. *Ibid.*, HH, 21.
5. *Ibid.*, HH, 22.
6. *Ibid.*, HH, 19.
7. *Ibid.*
8. *Ibid.*, HH, 7.
9. *Ibid.*, HH, 21.

16 février 1757. — *Statuts* des Maîtres Serruriers. In-4°, 8 p., s. d.[1]

5 mars 1759. — *Statuts* des Maîtres Tourneurs. In-4°, 7 p., s. d.[2]

9 août 1764. — *Statuts* des Maîtres Cardeurs et Fileurs de laine. In-4°, 6 p., s. d.[3]

Publiés aussi sous forme de placard.

10 décembre 1764. — *Statuts* des Maîtres Boulangers. Placard, s. d.[4]

9 janvier 1765. — *Statuts* des Maîtres Charpentiers. In-4°, 5 p.[5]

Cet arrêt est également imprimé en placard à 2 col., s. d.[6]

14 juin 1765. — *Statuts* en forme de *Règlement* des Maîtres Menuisiers. In-fol., 7 p.[7]

6 août 1765. — *Statuts* des Maîtres Bourreliers. In-4°, 6 p., s. d.[8]

19 février 1766. — *Règlement* fait par les Officiers du Bailliage, Chancellerie et Siège présidial, pour l'expédition des affaires In 4°, 8 p.[9]

9 août 1766. — *Statuts* des Maîtres Cordonniers. In-4°, 9 p.[10]

Imprimés aussi en placard à 3 col., s. d.

4° Mandements épiscopaux :

1° 10 février 1724. — Usage des œufs pendant le carême, à l'exception du vendredi et de la semaine sainte.

2° 29 avril 1741. — Demande d'un temps favorable pour les fruits de la terre (avec lettre ornée F).

1. Arch. mun. de Chalon-s-S., HH, 21.
2. *Ibid.*, HH, 20.
3. *Ibid.*, HH, 21.
4. *Ibid.*, HH, 14.
5. *Ibid.*, HH, 20.
6. *Ibid.*
7. *Ibid.*
8. *Ibid.*
9. Arch. de la Soc. d'Hist. et d'Arch. de Chalon-s-S., D. 13.
10. Arch. mun. de Chalon-s-S., HH, 16.

3° 15 juillet 1744. — *Te Deum.* (Prise d'Ypres.)

4° 19 mai 1745. — Conservation des personnes du roi et du dauphin et prospérité des armes de S. M.

5° 27 septembre 1745. — *Te Deum.* (Prise de Nieuport.)

6° 1er février 1746. — Usage des œufs pendant le carême, excepté le vendredi saint, attendu la cherté des vivres.

7° 28 juillet 1846. — *Te Deum.* (Prise de Mons.)

8° 9 octobre 1747. — *Ibid.* (Prise de Berg-op-Zoom.)

9° 11 avril 1751. — Demande d'un temps favorable pour les biens de la terre.

10° 8 septembre 1752. — *Te Deum.* (Rétablissement de la santé du dauphin.)

11° 27 novembre 1755. — *Ibid.* (Naissance du comte de Provence.)

12° 1759. — Jubilé universel. (Commencement du pontificat de Clément XIII.) In-4°, 36 p. et 2 grav., MDCCLIX.

13° 1761. — Fêtes qui doivent être célébrées dans le diocèse. In-4°, 13 p. dont une sans chiffre, MDCCLXI.

14° 11 novembre 1770. — Pour le Jubilé. In-4°, 8 p., MDCCLXX[1].

5° Affiches et Impressions en placard[2] :

Theses ex metaphysica (an 1728). « E Typis Claudii De Saint. Regis, Episcopi, Cleri, Collegii, nec-non Urbis Typographi[3]. »

Theses philosophicae ex logica (19 januarii 1732)[4].

Ordonnance du Maire et des Echevins au sujet de la milice (17 août 1743)[5].

1. Sauf les trois derniers, tous ces mandements sont en placard, s. d. d'impression. Bibl. mun. de Chalon ; Arch. de la Soc. d'Hist. et d'Arch. de la même ville, G. suppl.; coll. de M. A. Desbrosses.

2. Tous les imprimés désignés sous ce titre ne portent aucune date d'impression. De plus, d'autres pièces, également en placard, figurent au § 3.

3. Bibl. de M. A. Desbrosses.

4. *Ibid.*

5. Arch. mun. de Chalon-s-S., EE, 5.

Ordonnance des Magistrats, même sujet (18 décembre 1745)[1].

Extrait des Registres des Causes de police (11 août 1746). — Condamnation d'un boucher à 25 livres d'amende pour insuffisance de viande, et Ordre à tous les bouchers de faire tuer tour à tour, dès que leurs étaux commenceront à se dégarnir, un bœuf dont la viande sera répartie entre eux[2].

Ordonnance du Maire et des Echevins au sujet de la milice (28 décembre 1746)[3].

Supplique du Maire et des Echevins à l'Intendant au sujet des voitures à fournir pour le passage des troupes, suivie de la Réponse (25 septembre 1747)[4].

Ordonnance du Maire au sujet de la milice (27 décembre 1747)[5].

Ordonnance du Maire pour le tirage au sort de la milice (janvier 1748)[6].

Ordonnance de M. Joly de Fleury, Intendant de Bourgogne, au sujet des Messageries (10 août 1750)[7].

Ordonnance de l'Intendant, qui condamne un s[r] Garet à 500 livres d'amende (11 août 1752)[8].

Cette Ordonnance est aussi imprimée in-4° et figure au § 2.

Ordonnance de police défendant de faire des dégâts sur les remparts de St-Pierre et de St-Laurent, et de tirer des coups de fusil sur les quais et les remparts (12 septembre 1753).

Elle est suivie de l'homologation du Parlement de Dijon (11 janvier 1754)[9].

1. Arch. man. de Chalon-s-S., EE, 5.
2. *Ibid.*, FF, 2.
3. *Ibid.*, EE, 5.
4. *Ibid.*, EE, 8.
5. *Ibid.*, EE, 5.
6. *Ibid.*
7. Coll. de M. Laurent-Coulon, à St-Marcel.
8. *Ibid.*
9. Arch. mun. de Chalon-s-S., FF, 1.

Ordonnance de la Chambre de police de Chalon-sur-Saône concernant « l'égandile des bâches de charbons » (8 juin 1754)[1].

Ordonnance relative au nettoyage des cheminées et à l'éloignement des habitations de toutes matières combustibles (12 février 1755). Aff. 2 col.[2]

Requête adressée par Laurent Niepce, procureur en la maîtrise des eaux et forêts, au maître particulier du même service à Chalon, aux fins de faire enlever des matériaux entreposés en ville sur les rives de la Saône, et *Ordonnance* rendue à cet effet le 28 décembre 1757. Aff. 2 col.[3]

Ordonnance de l'Intendant qui fixe la banlieue de la ville de Chalon-sur-Saône. Dijon, 10 janvier 1758[4].

Avis au public par lequel le fermier des diligences de Paris à Lyon annonce qu'à partir du 15 mai 1764 un carrosse partira de Chalon pour Dôle et Besançon pour revenir à Chalon. A l'avenir, ce service aura lieu du 1er avril au 1er octobre de chaque année. (Fait au bureau général des Diligences de Chalon, le 26 avril 1764)[5].

Ordonnance de MM. les Echevins concernant la levée de la milice (12 mars 1768). Placard à 2 col.[6]

Anno reparate salutis millesimo septingentesimo septuagesimo, mensis vero augusti die decima-septima, solemnem intra praemiorum distributionem ex dono domini de Cordaillot, et ex munificentia nobilissimorum magistratuum belnensium. « Cabillone, E Typis Claude De Saint. Regis, Domini D. Episcopi, Cleri, Urbis, nec-non Collegii Belnensis Typographi[7]. »

Ordonnance du Maire et des Echevins de Chalon-sur-

1. Arch. mun. de Chalon-s-S., HH, 7.
2. *Ibid.*, FF, 11.
3. *Ibid.*, FF, 62.
4. *Ibid.*, CC, 22.
5. Coll. de M. Laurent-Coulon, à St-Marcel.
6. Coll. de M. Dufraigne, avocat, à Chalon-s-S.
7. Coll. de M. Laurent-Coulon, à St-Marcel.

Saône fixant le prix de la viande, avec date écrite : 3 mai 1771[1].

Extrait des Registres des Causes de police de la même ville concernant le taux du prix du pain (10 août 1771)[2].

XI

LAURENT NANTY.

Ce maître chalonnais était fils de Jean Nanty, sujet d'une précédente notice.

M. Pellechet rapporte que dans le n° 21816 de la Collection relative à la Librairie (Bibl. Nat., ms. f. fr.) « il est question d'un mémoire de Desaint contre Nanty qui voulait devenir imprimeur à Chalon en 1729[3] ». Il est naturel de concevoir qu'à cette date, Desaint, qui venait de se rendre adjudicataire du matériel de Lamottetort, ait eu l'intention de s'opposer à la reprise du seul atelier pouvant lui faire concurrence en ville. Cependant nous pensons que L. Nanty put arriver à ses fins; mais son imprimerie ne dut pas avoir une grande importance, et il nous a été impossible de trouver une seule des impressions sorties de ses presses, tandis que nous avons rencontré un assez grand nombre de celles de son confrère qui s'intitulait imprimeur du roi, de l'évêque, du clergé, de la ville et du collège.

En outre, un arrêt du Conseil d'état, en date du 4 janvier 1731[4], réserva en faveur de Desaint la seule place d'imprimeur attribuée à la ville de Chalon. De plus, sur un tract portant le millésime 1733, Desaint imprima :

1. Coll. de M. Lucien Roy, distillateur, à Chalon-s-S.
2. Arch. mun. de Chalon-s-S., HH. 13.
3. Cf. M. Pellechet, *op. cit.*, p. 171.
4. Voir p. 41.

« A Chalon, De l'Imprimerie de Claude De Saint, *seul Imprimeur dans lad. Ville*[1] ». Par suite, si l'acte d'inhumation de L. Nanty n'avait pas mentionné formellement qu'il fût *imprimeur*, nous ne l'aurions pas fait figurer dans nos notices.

Enfin M. Pellechet dit que suivant le n° 22125 de la Collection citée précédemment, Nanty reproche à Desaint, vers 1760, « de ne pas s'unir aux autres libraires de la ville pour faire poursuivre un étranger, le s^r^ Arnaud, qui vient de temps en temps y vendre des livres « pernicieux contre l'état, la religion, etc.[2] ».

L. Nanty mourut le 1er septembre 1748, âgé d'environ 55 ans, et fut inhumé le lendemain au cimetière de la Motte[3].

Suivant les lois et les règlements de l'époque, son imprimerie (en cas qu'il en eût une) ne put être reprise, et il ne resta plus en ville que celle de Desaint.

XII

Vve DESAINT.

Le 13 novembre 1771, Claude Desaint se voyant sans doute en danger de mort, démissionna en faveur de Delorme Delatour, objet de la notice suivante[4]; mais celui-ci ne put obtenir l'autorisation nécessaire et, à plus forte raison, prêter serment avant le 29 novembre suivant, jour où Desaint mourut[5].

1. Voir p. 45.
2. Cf. M. Pellechet, *op. cit.*, p. 171.
3. Voir Pièces justif., n° 21.
4. Voir Pièces justif., n° 23.
5. Cf. Arch. mun. de Chalon-s-S., par. St-Vincent, reg. des inh., 1771.

Par suite, la veuve de ce dernier, usant du privilège que lui conféraient les ordonnances et les règlements en vigueur, reprit l'atelier de son mari en attendant qu'elle pût le remettre au cessionnaire choisi primitivement et qui, en attendant, en était évidemment le directeur effectif.

Pour favoriser Delorme Delatour qui se trouvait alors en présence de trois compétiteurs, elle démissionna à son profit le 3 janvier 1772, et, bientôt, à la suite d'examens et d'avis favorables, une Ordonnance royale le reconnut comme seul imprimeur à Chalon, et lui permit de prêter serment le 17 février 1772[1].

De ces faits, il résulte que la veuve Desaint se trouva, du 29 novembre 1771 au 17 février suivant, sinon en réalité, du moins en apparence, à la tête de l'imprimerie laissée par son mari.

En raison de la position précaire où se trouvait Delorme Delatour, il est très probable que, pendant cette courte période, bien peu d'impressions sortirent des presses chalonnaises. Aussi, pour ce temps, ne nous a-t-il été possible de retrouver qu'un *Mandement* de l'évêque, du 27 janvier 1772, portant cette mention : « A Chalon, chez la veuve de Claude De Saint, imprimeur du Roy et de Monseigneur l'Evêque », en placard et s. d.[2].

XIII

DELORME DELATOUR.

Jean-Marie-Claude Delorme Delatour naquit à Liège le 20 mai 1745 ; mais ses parents, Jacques Delorme Delatour, bourgeois à Paris en 1772, et Anne Leclerc, étaient

1. Voir Pièces justif., n° 24.
2. Bibl. de M. Roy-Chevrier, Président de la Soc. d'Hist. et d'Arch. de Chalon-s-S.

Jean-Marie-Claude DELORME DELATOUR

(1745-1799)

D'après un pastel appartenant
à Madame de la Grandière, à Rosey

Jean-Marie-Claude DELORME DELATOUR

D'après un tableau possédé par M. Henri Perrin,
Greffier du Tribunal de Commerce, à Autun.

Michel-Anne DEJUSSIEU

(1772-1834)

D'après une miniature, propriété de
M. Ernest Dejussieu, à Langres

Français, et son aïeul tenait dans un riche quartier de la capitale un important magasin d'antiquités et d'objets d'art dont quelques restes très intéressants se voient encore chez plusieurs de ses descendants[1].

Ramené bientôt à Paris, le jeune Delorme étudia pendant huit ans à la pension Marie de Ste-Colombe et arriva jusqu'à la classe de seconde. Il fit alors son apprentissage dans la même ville chez l'imprimeur Lambert, puis travailla pendant plusieurs années successives dans les ateliers de Knapen, de Granger et de Hérissant. Il vint ensuite à Chalon et entra chez Desaint. Celui-ci étant tombé malade dangereusement et n'ayant pas d'enfants en état de lui succéder, démissionna en sa faveur par acte passé en brevet pardevant notaire le 13 novembre 1771 ; mais, comme nous l'avons déjà mentionné, l'ordonnance royale indispensable ne put être rendue avant le décès du cédant. Bientôt, trois autres candidats se présentèrent pour le remplacer, savoir : 1° Jean-Pierre Delespinasse, libraire, né à Chalon le 22 juillet 1721, petit-fils du typographe Jean Nanty, et ayant fait à Lyon l'apprentissage d'imprimeur ; 2° Jean-Baptiste-Joseph-Méline Garnier, bourgeois, demeurant dans la cité ; 3° Jean-Baptiste-Pierre Migneret, sur lequel nous n'avons aucun renseignement.

A la suite d'une requête de Delorme Delatour, le lieutenant général de police de Chalon ordonna le 28 décembre 1771 que les quatre candidats se présenteraient en son hôtel le 31 décembre suivant, à 10 heures du matin, à l'effet de faire examiner leurs titres de capacité, et de subir ensuite les épreuves accoutumées dans l'atelier du défunt, puis, à la demande de Delorme, cette ordonnance fut signifiée le 29 décembre à Delespinasse et à Garnier.

Au jour désigné, devant le lieutenant général, compa-

1. Renseignement donné par M. Fr. Dejussieu, imp. à Autun.

rurent seulement Delorme et Delespinasse qui furent examinés sur les langues grecque et latine, et sur la théorie et la pratique de leur art. Ensuite, le 3 janvier 1772, la veuve Desaint, par acte passé pardevant notaire, renonça, en faveur de Delorme, à son privilège de pouvoir conserver l'imprimerie de son mari.

Après production de toutes les pièces concernant les deux candidats, entre autres, procès-verbal d'examen et avis de l'intendant de la province, le roi, en Conseil d'état, arrêta le 27 janvier suivant, que Delorme Delatour serait reçu en la cité de Chalon pour y remplir « la seule place d'imprimeur réservée en lad. ville par le reglement du 12 may 1759, laquelle est vacante par le deceds de Claude Desaint et la demission de Claudine Michelin, sa veuve », à charge par Delorme de prêter serment en la manière accoutumée.

A la suite de cet arrêt, le 17 février 1772, ce dernier remplit la formalité prescrite et put travailler à son nom[1].

Le 15 juin suivant, il épousa Anne Lebrun, fille du chirurgien major de la Citadelle. Elle mourut la même année, et fut inhumée dans l'église de la Motte[2].

Il se maria ensuite, le 14 février 1775, avec Françoise Raille, née à Nuits en 1757[3].

De ce dernier mariage, il eut :

1° Anne-Gabrielle, née le 22 décembre 1776, qui épousa l'imprimeur Michel-Anne Dejussieu dont il sera parlé plus loin;

2° Françoise-Claudine, née le 3 février 1782, qui se maria le 18 fructidor an XII, avec Joseph-Thomas Bauzon, propriétaire;

1. Voir Pièces justif., n° 24.
2. Cf. Arch. mun. de Chalon-s-S., par. St-Vincent, reg. des mar. et des inh., 1772.
3. Cf. Reg. des mar. de la ville de Nuits, 1775.

3° Marguerite, née le 28 juillet 1783, qui s'unit le 2 floréal an XIII à François-Claude Dejussieu, imprimeur à Autun, et frère de Michel-Anne;

4° Gabrielle-Théodore, née le 12 avril 1788, qui eut pour mari, le 14 avril 1813, François-Adrien Dufraigne;

5° Jacques-Nicolas-Ernest, né le 24 vendémiaire an IV (16 octobre 1795), qui fut juge au tribunal civil de Chalon-s.-S[1].

Suivant bail passé pardevant Me Roch, notaire à Chalon, le 14 janvier 1777, Delorme Delatour loua une maison sise rue du Marché (Saint-Vincent) et appartenant aux Hospices[2]. Il l'occupa quelque temps après, puis, en 1787, il acquit un immeuble sur le quai Amelot (actuellement des Messageries), et y transporta son imprimerie. Au sujet de cet achat, suivant arrêt du Parlement de Dijon, en date du 4 octobre 1787, il dut payer pour lods, le 29 décembre suivant, 1.166 livres 13 sous 4 deniers[3].

En 1788, dans une pièce imprimée, il est désigné comme ancien consul[4].

Un peu plus tard (1790), il est mentionné comme habitant rue du Chatelet[5] où se trouvait alors sa librairie, et il faisait partie « de la municipalité et du conseil[6] ». En 1792 et 1793, il était « officier municipal[7]. »

Au commencement de la Révolution, comme on le verra d'ailleurs par les impressions que nous avons signalées dans les pages suivantes, il fut fort occupé. Aussi ses « garçons imprimeurs » adressèrent-ils à la municipalité une requête à l'effet d'obtenir de la ville un supplément

1. Les mentions relatives aux enfants Delorme sont tirées des reg. des bap. de la par. St-Vincent, et des reg. de l'état civil de Chalon-s-S.
2. Cf. Arch. de l'Hôpital de Chalon-s-S.
3. Cf. Arch. mun. de Chalon-s-S., CC, 43, reg. non folioté.
4. Cf. Bibl. mun. de Chalon-s-S., rec. f., 1156 (*bis*), t. 4, n° 1.
5. *Ibid.*, n° 7.
6. Cf. Arch. mun. de Chalon-s-S., Reg. des Délib., 1790.
7. *Ibid.*, 1792 et 1793.

de paye. Par délibération du 13 janvier 1790, le conseil « considérant qu'il est raisonnable d'accorder une rétribution aux ouvriers du sieur Delorme Delatour, imprimeur, pour raison du travail considérable qu'ils ont fait pour le compte de la ville, et d'une infinité de nuits, de dimanches et fêtes qu'ils ont bien voulu passer pour accélérer l'ouvrage qui leur était confié, » accorda aux requérants « par forme de supplément de gages pour l'année 1789 » une somme de 72 livres[1].

A partir du 3 septembre 1791, il vit son privilège supprimé[2] et eut bientôt divers concurrents. Il n'en continua pas moins son industrie, et, dans une seconde partie de ces recherches, nous terminerons la présente notice.

***

Du grand nombre d'impressions sorties de ses presses avant la Déclaration des droits de l'homme, nous signalerons seulement :

1° Livres :

Recueil des Offices et Prières qui se chantent pendant les Processions et Octave de la Fête du Très-Saint Sacrement dans l'Eglise Cathédrale, tiré du nouveau Bréviaire et du Processionnal de ladite Eglise, avec les Statuts et Réglemens de la Confrairie établie en l'Eglise de St-Vincent de Chalon-sur-Saône. Petit in-8°, 134 pages, plus 8 feuillets non paginés.

« A Chalon, Chez Delorme Delatour, Imprimeur du Roi, de Mgnr. l'Evêque et de la Ville, MDCCLXXVII[3]. »

Heures nouvelles suivant le bréviaire de Chalon-sur-Saône. In-12, XII-1055 p., prix : 2 livres 10 sous. « A Chalon S. S.

1. Cf. Arch. mun. de Chalon-s-S., Reg. des Délib., 1790.
2. Voir Pièces justif., n° 26.
3. Arch. de la Soc. d'Hist. et d'Arch. de Chalon-s-S., G. 55.

Chez Delorme Delatour, Imprimeur du Roi et de Monseigneur l'Evêque, rue du Marché, MDCCLXXXIII[1].

De viris illustribus urbis Romae, a Romulo ad Augustum, ad usum sextae scholae. Auctore C. F. Lhomond, in Universitate Parisiensi professore-emerito. Petit in-8°, 171 p.

Au-dessous de la marque de l'imprimeur : « Cabillone, Apud Delorme-Delatour, bibliopolam-typographum regis, urbis et collegii, 1787[2]. »

Cornelii Nepotis vitae excellentium imperatorum. In-18, 262 p. « Cabillone E Typis Delorme-Delatour, Regis, Collégiique Typographi, 1789[3]. »

Catéchisme du diocèse de Chalon. Petit-in-8, 135 p. MDCCXC[4].

2° Impressions diverses :

Orasion funèbre de Monseigneur Louis-Henri de Rochefort d'Ally, évêque et comte de Chalon, prononcée dans l'église cathédrale de Chalon-s/S. le 18 août 1772 par l'abbé Berard. In-4°, 28 p. « A Chalon, Chez Delorme Delatour, Imprimeur du Roi, de Monseigneur l'Evêque et du Clergé, MDCCLXXII[5]. »

Oraison funèbre de très-haut, très-puissant et très-excellent prince, Louis XVe du nom, roi de France et de Navarre, prononcée le 17 août 1774 au Service solennel que MM. les Officiers municipaux de Chalon s/S. ont fait célébrer en l'église cathédrale de cette ville par l'abbé Bérard, chanoine de la même église. In-4°, 26 p. « A Chalon, Chez Delorme Delatour, Imprimeur du Roi, de Monseigneur l'Evêque, du Clergé et de la ville, MDCCLXXIV[6]. »

Ordonnance de Monseigneur l'illustrissime et révérendissime Evêque-Comte de Chalon, concernant les sépultures et

1. Bibl. de la Soc. d'Hist. et d'Arch. de Chalon-s-S.
2. Bibl. de M. Fr. Dejussieu, à Autun.
3. Magasin de M. Sergent, bouquiniste, à Chalon-s-S.
4. Bibl. mun. de Mâcon, n° 131310.
5. Arch. de la Soc. d'Hist. et d'Arch. de Chalon-s-S., G, 28.
6. Bibl. mun. de Chalon-s-S., rec. f., 1156 (*bis*), 6ᵉ vol., n° 18.

Déclaration du Roi, concernant les inhumations (Versailles, 10 mars 1776). In-4°, 11 p. s. d.[1].

Mémoire pour les prêtres, régens et familiers de l'église d'Auxonne contre Claude Moutrille et contre M. l'archevêque de Besançon. Sans nom d'auteur. In-f°, 35 p., 1778[2].

Claude Moutrille fut curé de Notre-Dame d'Auxonne en 1789[3].

Statuts et Règlements pour les Maîtres Grammairiens et Ecrivains de la ville de Chalon-s-S. In-12, 14 p. 1779[4].

Description apologique des Fêtes céréales et du Prix d'agriculture donnés par le fermier de la Loyère le 15 mai 1780. In-4°, 12 p. s. d[5].

Breve Cabillonense pro anno Domini MDCCLXXXIV. Pascha occurente 11 aprilis. « Cabillone, E Typis Delorme Delatour, regis D.D. Episcopi Clerique Typographi. Gr. in-12, 72 p[6].

Les Devoirs d'un vrai Confrère de Saint Joseph. « Recueillis par l'ordre exprès de la Confrairie de Saint Joseph établie dans l'Eglise Collégiale et Paroissiale de Saint-Georges de Chalon-sur-Saône. » Sans nom d'auteur. Petit in-4°, 66 p. MDCCLXXXV[7].

L'Ami de la Vérité. Titre rare. Effets plus inconnus. Si tempus studia conferat omne vitae fastidium effugeris. Senec. *De Tranq.* c. 3. Sans nom d'auteur. Permis d'imprimer. A Chalon-sur-Saône, le 18 décembre 1785. Signé : Bérard, 1er échevin. In-8°, 30 p. MDCCLXXXVI[8].

Règlement pour l'Administration du Bureau de Charité établi en faveur des Pauvres Incendiés, dans le diocese de

1. Arch. de la Soc. d'Hist. et d'Arch. de Chalon-s-S., G, 30 n° 4.
2. Bibl. publique de Dijon. Fonds particuliers.
3. Renseignement donné par M. A. Musy, de Dijon.
4. Arch. mun. de Chalon-s-S., HH, 22.
5. Bibl. mun. de Chalon-s-S., rec. f., 1156 (*bis*), 2e vol. n° 16.
6. Bibl. de M. A. Bernard, secrétaire de la Société des Amis des Arts et des Sciences de Tournus.
7. Bibl. de M. l'Abbé Barraud, à Chalon-s-S.
8. Bibl. publique de Dijon. Fonds particuliers, n° 1333.

Chalon-sur-Saone par Mandement de Monseigneur Jean-Baptiste du Chilleau, Evêque et Comte dudit Chalon. (Donné au château de la Salle, le 8 mai 1786). In-4°, 8 p., 1786[1].

Exercice littéraire sur les principes de la grammaire par les Ecoliers choisis du Sieur Moreau, Grammairien et Maître de Pension. (Dans la salle de l'Arquebuse de Chalon-s/S., le 17 août 1786). In-4°, 7 p., 1786[2].

Délibération des Officiers du Bailliage de Chalon S. S. au sujet de l'annulation d'un acte judiciaire (28 novembre 1788). Petit in-8°, 15 p., 1788[3].

Assemblée du Conseil général de la ville le 9 décembre 1788. (Vœux et doléances à présenter aux Etats généraux de 1789). In-4°, 24 p., 1788[4].

Délibérations des 16 et 19 janvier 1789 par lesquelles l'ordre des Avocats, les Médecins et différentes corporations de la ville de Tournus expriment le vœu de contribuer aux impositions et charges publiques, etc. In-4°, 22 p., 1789[5].

Arrêté des Officiers du Bailliage de Chalon. (23 janvier 1789). Au sujet de la réforme de la composition des Etats de Bourgogne. In-4°, 8 p., 1789[6].

Assemblée générale des Habitans de Saint-Laurent. (12 juin 1789). Exhaussement de la chaussée entre le pont des Eschavannes et celui de la levée de St-Marcel. In-4°. 12 p., 1789[7].

Supplément à la Délibération des Habitans de Saint-Laurent et des Communautés réunies. (Même date). Au sujet d'un canal. In-4°, 4 p., 1789[8].

Délibération de la Commune de Chalon S. S. à laquelle ont assisté plusieurs Membres du Clergé et de la Noblesse.

1. Bibl. mun. de Chalon-s-S., rec. f., 1156 (*bis*), 6e vol. n° 32.
2. Bibl. de M. Laurent-Coulon, à St-Marcel.
3. Arch. de la Soc. d'Hist. et d'Arch. de Chalon-s-S., D. 15.
4. Bibl. mun. de Chalon-s-S., rec. f., 1156 (*bis*), 4e vol., n° 2.
5. *Ibid.*, 7e vol., n° 6.
6. Arch. de la Soc. d'Hist. et d'Arch. de Chalon-s-S., D. 17.
7. Bibl. mun. de Chalon-s-S., rec. f., 1156 (*bis*), 5e vol., n° 2.
8. *Ibid.*, n°3.

(20 juillet 1789). Adhésion aux Délibérations de l'Assemblée Nationale. In-8°, 7 p., 1789[1].

Délibération de la Chambre de la Noblesse du Bailliage de Chalon S. S. (22 juillet 1789). Annulation des pouvoirs impératifs et limités donnés à ses députés, et concession de nouveaux pouvoirs pour consentir au bien général de l'Etat, entretenir la fusion entre les trois ordres, etc. In-8°, 7 p., 1789[2].

Discours prononcé par Monseigneur l'Evêque de Chalon à la bénédiction des Drapeaux de MM. les volontaires de l'Arquebuse dans l'Eglise cathédrale de St-Vincent le dimanche 26 juillet 1789. In-8°, 7 p., s. d.[3].

Exercice public de physique expérimentale en forme de Dialogue. (Dans la Salle du Collège de Chalon-s/S. le le 27 juillet 1789). In-4°, 4 p., 1789[4].

Règlement pour le service de la milice bourgeoise de Chalon S. S. (Arrêté dans une Assemblée générale de la ville, le 29 juillet 1789). In-4°, 20 p., 1789[5].

Décret de l'Assemblée Nationale du 10 août 1789. (Rétablissement de la tranquillité publique). In-8°, 13 p., 1789[6].

Arrêté de l'Etat major et Conseil d'administration de la Ville de Chalon S. S. (18 août 1789). Invitation aux villes, bourgs et autres lieux du ressort du Bailliage de Chalon d'établir des Etats majors, Conseils ou Comités pour le maintien du bon ordre, de la sûreté et de la tranquillité publique et particulière. In-8°, 6 p., 1789[7].

Délibération de tous les ordres de la ville et commune de Chalon S. S. et *Adresse* à l'Assemblée générale pour obtenir la suppression actuelle des Gabelles ou modération du prix du sel, (2 septembre 1789). In-8°, 14 p.[8].

1. Bibl. mun. de Chalon-s-S., rec. f., 6596, 3e vol., n° 7.
2. *Ibid.*, n° 8.
3. *Ibid.*, rec. f., 1156 (*bis*), 1er vol., n° 2.
4. Bibl. de M. Laurent-Coulon, à St-Marcel.
5. Bibl. mun. de Chalon-s-S., rec. f., 1156 (*bis*), 4e vol., n° 4.
6. *Ibid.*, 6596, 4e vol., n° 5.
7. *Ibid.*, 3e vol., n° 9.
8. *Ibid.*, Fonds régional, n° 38.

Arrêté de la Chambre municipale et Conseil d'administration de la Ville et Commune de Chalon S. S. Réduction provisoire du prix du sel, (10 septembre 1789). In-8° 13 p.[1].

Arrêté de la Chambre municipale et Conseil d'administration de la Ville et Commune de Chalon S. S. Préparation et débit du Tabac, (30 septembre 1789). In-8°, 12 p., 1789[2].

Reflexions sur l'organisation des prochains Etats provinciaux, Bourgogne et Mâconnois (10 octobre 1789), par un habitant de Cormatin, 1789[3].

Adresse de la Chambre municipale et Conseil d'administration de la Ville et Commune de Chalon S. S. à l'Assemblée Nationale, (28 octobre 1789), au sujet du prix du Sel, in-8°, 14 p., 1789[4].

Reflexions patriotiques sur l'état actuel du gouvernement de France, (1er décembre 1789), par L. Butty, de Chalon-s/S. In-8°, 11 p., 1789[5].

Supplique en forme de Délibération, adressée à l'Assemblée Nationale par plusieurs communautés des Provinces de Bourgogne et du Mâconnois, dépendantes de la Terre d'Huxelles, « où l'on expose les moyens pour arrêter les Accaparemens des Bleds dans les Provinces ». In-4°, 8 p., 1789[6].

Proclamation au sujet de la contrebande dans les rues de Chalon S. S. (6 mars 1790). In-4°, 5 p., 1790[7].

Etat des Cantons qui composent les Districts du Département de Saone et Loire, arrêté par les Députés de ce Département à l'Assemblée Nationale, et approuvé par les Commissaires adjoints au Comité de Constitution, pour la nouvelle division du Royaume. In-4°, 12 p., 1790[8].

1. Bibl., mun. de Chalon-s-S., n° 233 (7).
2. *Ibid.*, rec. f., 6596, 4e vol., n° 6.
3. Bibl. de M. A. Desbrosses.
4. Bibl. mun. de Chalon-s-S., rec. f., 6596, 3e vol.. n° 10.
5. *Ibid.*, 4e vol., n° 7.
6. Bibl. de M. A. Desbrosses.
7. Bibl. mun. de Chalon-s-S., rec. f., 1156 (*bis*), 5e vol., n° 15.
8. *Ibid.*, 1156 (*bis*), 4e vol., n° 9.

Détail instructif des opérations des Assemblées des Quartiers de la Ville de Chalon S. S. (Organisation de la Municipalité). Par un citoyen patriote. Imprimé par Ordre des Officiers municipaux et des Membres du Conseil d'administration. In-8°, 11 p., 1790[1].

Liste des Citoyens actifs, électeurs et éligibles de l'Assemblée générale de la Commune de Chalon S. S. In-4°, 36 p., 1790[2].

Les Amis de la Constitution de Chalon-sur-Saône, à tous les Citoyens du district. In-8°, 16 p., 1790[3].

Adresse de la Société des Amis de la Constitution de Chalon-sur-Saône aux Gardes Nationales de Metz, Toul et Pont-à-Mousson. In-4°, 8 p., 1790[4].

Adresse de la même Société *à la Société de la Révolution d'Angleterre, à Londres.* In-8°, 7 p., 1790[5].

Rapport fait au nom du Comité pour l'aliénation des biens domaniaux et ecclésiastiques sur les ventes de ces biens, par M. de Delley d'Agier, député du Dauphiné. Imprimé par Ordre de l'Assemblée Nationale avec les Décrets rendus le 14 mai 1790 sur cet objet. In-8°, 16 p., 1790[6].

Règlement pour la Société des Amis de la Constitution établie à Chalon S. S. In-4°, 6 p., s. d.[7].

Les deux Gentilshommes ou le Patriotisme françois, comédie en prose, 2 actes; par M. Legrand, de Soissons, acteur dans la troupe de M. Clairanson, avec dédicace aux Officiers municipaux et Commandants de la Garde nationale de Chalon-s/S. In-8°, 26 p., 1790[8].

Autun. Vivre libre ou mourir. Adresse aux bons citoyens, (Lue et arrêtée à la séance du 30 décembre, l'an deuxième

1. Bibl. mun. de Chalon-s-S., rec. f., 6596, 3e vol., n° 16.
2. *Ibid.*, 1156 (*bis*), 4e vol., n° 7.
3. Arch. de la Soc. d'Hist. et d'Arch. de Chalon-s-S., C. 16, n° 1.
4. *Ibid.*, C. 16, n° 3.
5. *Ibid.*, C. 16, n° 4.
6. Bibl. mun. de Chalon-s-S., rec. f., 6596, 3e vol., n° 18.
7. *Ibid.*, 1156 (*bis*), 4e vol., n° 8.
8. *Ibid.*, 815 (6).

de la Liberté). Signé : P. V. Bauzon, président ; Badenet et Lambert, secrétaires In-8°, 14 p.[1].

Il s'agit d'une Adresse de la Société des Amis de la Constitution établie à Autun et affiliée à celle de Paris.

Instruction sur les payements à faire au Clergé séculier et régulier, à l'époque du 1er janvier 1791, et *Extrait des Registres des Délibérations du Directoire du Département de Saône-et-Loire* au sujet de l'*Instruction* qui précède, (21 janvier 1791). In-4°, 14 p., 1791[2].

Observations sur le Décret de l'Assemblée Nationale pour la Constitution civile du Clergé et la fixation de son traitement, accepté et sanctionné par le Roi le 24 août 1790, adressées aux Citoyens du Département du Finistère. (23 janvier 1791). In-8°, 42 p., 1791[3].

Délibération du 2 février 1791 de la Société des Amis de la Constitution établie à Chalon-s/S. (Délibération relative aux idées suggérées à une même Société existant à Brest). In-8°, 8 p., 1791[4].

Arrêté du Directoire du Département de Saône-et-Loire, sur la conduite, la police et la comptabilité des ateliers de secours établis par sa Délibération du 13 avril 1791. In-4°, 8 p. 1791[5].

Eloge funèbre de Mirabeau, prononcé le 11 avril 1791 par M. Dujardin, homme de loi, Officier municipal de Chalon-s/S., et Président de la Société des Amis de la Constitution de la même ville, (16 avril 1791). In-8°, 21 p.[6].

Arrêté en forme d'instruction du Directoire du Département de Saône et Loire, sur la Liberté générale des Opinions religieuses et du Culte (4 juin 1791). In-4°, 7 p., 1791[7].

1° *Proclamation décrétée à l'Assemblée Nationale dans la*

1. Bibl. publique de Dijon. Fonds particuliers, n° 1668.
2. Bibl. mun. de Chalon-s-S., 1156 (*bis*), 5e vol., nos 23 et 24.
3. *Ibid.*, 6596, 2e vol., n° 4.
4. *Ibid.*, 4e vol., n° 24.
5. *Ibid.*, rec. f., 233 (6), n° 10.
6. *Ibid.*, 6596, 2e vol., n° 9.
7. *Ibid.*, 1156 (*bis*), 5e vol., n° 27.

séance du 22 juin 1791 ; 2° Arrêté du Directoire du Département de Saône et Loire au sujet de cette proclamation (27 juin 1791); *3° Adresse du Directoire du Département de Saône et Loire à l'Assemblée Nationale* (même date). In-4°, 14 p., 1791[1].

3° Lois :

En 1790 et avant le 14 septembre 1791, Delorme Delatour imprima un certain nombre de lois, et quelques-unes des impressions qu'il fournit à ce sujet sont précédées d'intéressants frontispices. Parmi ces lois, nous citerons seulement :

Loi ordonnant que chaque Directoire de Département se fera remettre un État certifié de tous les ecclésiastiques qui n'ont point acquitté leurs Décimes et leurs Dons gratuits pour l'année 1789 et les années antérieures, (19 décembre 1790), 3 p.

Que les Délits commis ou qui se commettront dans les bois et forêts seront poursuivis avec la plus grande célérité, (25 décembre 1790). 7 p.

Loi relative au rachat des Rentes foncières (29 décembre 1790), 23 p.

Au rachat des Rentes seigneuriales, (5 janvier 1791), 7 p.

Au desséchement des marais, (même date), 10 p.

Aux découvertes utiles et aux moyens d'en assurer la propriété à leurs auteurs, (7 janvier 1791), 8 p.

A la décoration militaire, (même date), 3 p.

A la fabrication d'une nouvelle monnaie d'argent en pièces de 30 sous et de 15 sous, (9 janvier 1791), 4 p.

Loi portant que les chanoinesses qui se marieront seront privées de leur traitement, (19 jauvier 1791), 3 p.

Loi relative aux Cueilloirs et Cueillerets, ci-devant tenus pour la perception des ci-devant Droits seigneuriaux, ou Rentes foncières, (même date), 3 p.

Au remplacement des ecclésiastiques fonctionnaires

1. Bibl. mun. de Chalon-s-S. rec. f., 1156 (*bis*), 5e vol., nos 32, 33 et 34.

publics qui n'auront pas prêté le serment, (30 janvier 1791), 3 p.

A la vente des Biens nationaux, (30 mars 1791), 6 p.

Loi portant suppression des apanages, (6 avril 1791), 10 p.

Loi relative au serment à prêter par les professeurs et les autres personnes chargées de l'instruction publique, et par les chapelains desservant les hôpitaux et les prisons, (17 avril 1791), 4 p.

Au respect dû aux juges et à leurs jugements, (même date), 7 p.

A l'importation du tabac, (24 avril 1791). 4 p.

Au traitement des curés supprimés, (15 mai 1791), 4 p.

Loi portant que le logement des évêques est à la charge de la nation, (même date), 3 p.

Loi relative aux rentes appartenant aux pauvres des paroisses, (25 mai 1791), 22 p.

A la répartition de 300 millions de contributions foncière et mobilière pour l'année 1791, (13 juin 1791), 24 p.

Aux anciens fonctionnaires publics ecclésiastiques qui refusent d'obéir à la loi, (28 juin 1791), 3 p.

A l'instruction pour le payement des dîmes (6 août 1791), 21 p.[1].

4° Mandements épiscopaux.

1° *Te Deum* en l'honneur du succès de la flotte sur les Anglais en Amérique, (20 septembre 1779), pl. s. d.

2° Arrivée de M. du Chilleau dans le diocèse. In-4°, 8 p., MDCCLXXXII.

3° Établissement d'écoles de charité. In 4°, 5 p., 1783.

4° *Te Deum* à l'occasion du traité de Versailles. In-4°, 4 p., *ibid.*

5° Même chant au sujet de la naissance du duc de Normandie. In-4°, 5 p., 1785

6° Carême. In-4°, 5 p., *ibid.*

1. Ces lois, imprimées dans le format in-4°, se trouvent à la Bibl. mun. de Chalon-s-S., vol. 215 (*bis*) ou rec. f. 333 (6) et 333 (7).

7° Établissement d'un bureau de charité en faveur des incendiés. In-4, 10 p., MDCCLXXXVI.

8° Prières pour la reine. In-4°, 3 p., 1786.

9° Prières publiques dans le diocèse. In-4°, 7 p., 1788.

10° Carême. In-4°, 6 p., 1789.

11° *Te Deum* au sujet des délibérations du 4 août. In-4°, 7 p., *ibid.*

12° Prières publiques pour les affaires de l'État. In-4°, 22 p., *ibid.*

13° Pour le soulagement des pauvres du diocèse. In-4°, 9 p., *ibid.*

14° Carême. In-4°, 8 p., 1790[1].

5° Arrêts du Parlement de Dijon :

Homologuant des *Règlements* et *Statuts* pour les Maîtres Charcutiers de Chalon, (23 juin 1751). In-4°, 8 p., s. d.[2].

Des *Statuts* en forme de *Règlements* faits par les Maîtres Tonneliers, (17 juin 1765), In-4°, 9 p., 1785[3].

Des *Statuts* des Maîtres Cordonniers, (9 août 1766). In-4°, 8 p., réimpression s. d.[4].

Concernant les Poids et Mesures des Grains et Farines qui sont portés aux Moulins, (9 août 1771). Pl. s. d.[5].

6° Pièces de Procédure :

Nous citerons seulement :

Mémoire responsif pour les Maire, Echevins et Habitans de Chalon sur Saone, contre les Habitans du Fauxbourg de Saint-Laurent de la même ville. Réponse à la demande de St-Laurent de former commune à part. In-4°, 133 p., MDCCLXXII[6].

1. Les nos 2 à 11 sont à la Bibl. mun. de Chalon-s-S., rec. f., 1156 (*bis*), 6e vol., nos 26 à 35, sauf le n° 9 qui est chez M. A. Desbrosses, et les autres aux Arch. de la Soc. d'Hist. et d'Arch. G. suppl. et G. 30, nos 6 à 8.
2. Arch. mun. de Chalon-s-S., HH, 15.
3. *Ibid.*, HH, 18.
4. *Ibid.*, HH, 16.
5. *Ibid.*, HH, 8.
6. Bibl. mun. de Chalon-s-S., rec. f., 1156 (*bis*), 9e vol., n° 4.

Mémoire à consulter pour Me Jacques Guyon, notaire royal à Chalon-sur-Saône, défendeur et opposant, Contre Dlle Claude Griveau, son épouse, demanderesse en séparation de biens, et impétrante en saisie, 1774. In-4°, 35 p.[1].

Supplément au mémoire à consulter pour Me Jacques Guyon, contre sa femme. 1775. In-4°, 69 p.

A la suite M. G. M. a écrit : « La femme du notaire Guyon, née Claudine Griveau (de Taisey) fut condamnée par M. Berard, juge de Taisey, à être pendue pour un faux testament qu'elle avait fait faire au Sieur Bailly, notaire à Chagny, à la suite d'une orgie faite au jeu de l'arquebuse de Chalon, lors des réjouissances à l'occasion de la naissance du Dauphin, le 11 novembre 1781. Le Parlement commua cette peine en celle du banissement hors du ressort de la Cour »[2].

Observation sur les différens Écrits signifiés au Procès et *Consultation pour les Maire, Echevins et Habitans de Chalon-sur-Saone contre les Habitans du Fauxbourg de S. Laurent de la même Ville*. In-4°, 72 p., MDCCLXXV[3].

Consultation pour les Maire, Echevins et Habitans de Chalon-sur-Saone contre les Habitans du Fauxbourg de Saint Laurent de la même Ville. (24 mars 1775). In-4°, 26 p., s. d.[4].

Mémoire pour Blaise Quarré du Plessis, écuyer, seigneur de Corcelle, Contre Sieur Bernard Niepce, régulier de Saint-Antoine et curé de Perray. In-4°, 50 p., 1775[5].

Mémoire pour Me Jean Darcier, Prêtre, Curé de Guierfand (Guerfand), *accusé, décrété de prise de corps, et détenu dans les prisons de la Conciergerie de Chalon-sur-Saône, Contre M. le Promoteur en l'Officialité, et M. le Procureur du roi au Bailliage de cette ville*. In-4°, 104 p. « A Chalon, De

1. Bibl. mun. de Chalon-s-S., rec. f., 233 (*bis*).
2. *Ibid.*
3. *Ibid.*, 1156 (*bis*), 9e vol., n° 6.
4. *Ibid.*, n° 7.
5. *Ibid.*, n° 233 (*bis*).

l'Imprimerie de Delorme Delatour, Imprimeur du Roi, le 27 mars 1778[1]. »

D'après ce Mémoire, le curé Darcier était détenu sur la plainte de ses paroissiens « comme coupable d'actes odieux et. surtout, de luxure effrénée ».

Réplique pour les Administrateurs de l'Hôpital de Chalon-sur-Saone, contre les sieurs Beaumé et Moutlons, suivie d'une *Consultation du 20 juillet 1780*, d'un *Etat des livres et registres de l'Hôpital* et d'un *Extrait d'un procès-verbal du 13 Mai 1780*. Petit in-f°, 35-24 p. s. d.[2].

Mémoire pour le Sieur Bathol, curé de St-Jean-de-Maizelle, Fauxbourg de Chalon-sur-Saône, Défendeur et Demandeur, Contre le Sieur Bonnamour, curé de Saint-Côme, Village distant d'un quart de lieue de Chalon, Demandeur et Défendeur. In-4°, 123 p., 1782[3].

Mémoire responsif pour Me Philibert Bonnamour, curé de Saint-Côme-lès-Chalon, Demandeur et Défendeur, Contre Me Jacques Bathol, curé de Saint-Jean-de-Maizelle, Défendeur et Demandeur. In-4°, 115 p., 1783[4].

Mémoire justificatif sur une accusation d'escroquerie pour le Sieur François Lagarde, marchand, Aubergiste, demeurant à Buxy en Bourgogne, Défendeur, accusé, décrété de prise-de-corps et détenu ès prisons de Mâcon. Contre Me Antoine David, Prêtre, Confrere, Maitre du chœur de l'Eglise de Mâcon, et Me Farraud, avocat au Parlement, demeurant en la même ville, Denonciateurs, Témoins, Parties et Demandeurs en entérinement de Lettres de rescision par eux obtenues au Parlement de Paris, le 29 avril dernier, et Contre M. le Procureur du Roi au Baillage de Mâcon. In-4°, 62 p., 1786[5].

Mémoire pour les Vénérables Abbé, Prieur et Religieux de la Ferté-sur-Grosne, Défendeurs et Demandeurs : Contre

1. Bibl. mun. de Chalon-s-S., rec. f., 124 (3), 2e vol., n° 4.
2. Arch. de la Soc. d'Hist. et d'Arch. de Chalon-s-S., J, 12, n° 5.
3. *Ibid.*, G, 57.
4. Bibl. mun. de Chalon-s-S., 233 (3).
5. *Ibid.*, rec. f., 1156 (*bis*), 2e vol., n° 24.

Me Antoine Callard, Prêtre, Curé de St-Ambreuil, Demandeur et Défendeur. (Au sujet des dîmes à St-Ambreuil), in-4°, 28 p., s.d. [1].

7° Affiches et Impressions en placards :

Outre les impressions de ce genre déjà indiquées dans les § précédents, nous mentionnerons :

Ordonnance de police concernant les Foires, (27 juin 1772), s. d. [2].

Affiche datée du 18 novembre 1772 par laquelle les échevins et les habitants de St-Laurent annoncent l'amodiation de la réserve des héritages de leur communauté. s. d. [3].

Ordonnance du Maire enjoignant aux habitants de prendre les armes le jeudi 29 juin 1775 et de se réunir au sujet des réjouissances qui seront faites à l'occasion du sacre et du couronnement du roi. (28 juin 1775), s. d. [4].

Extrait des Registres du Greffe de la Cour des Foires de Chalon-sur-Saône. Ouverture des foires, (18 juin 1776), s. d. [5].

Réglement pour la garde aux spectacles et bals publics de la ville de Chalon-sur-Saône, (17 mai 1778). Pl. à 2 col., s. d. [6].

Ordonnance au sujet de l'enfouissement des animaux morts, (13 juillet 1782). Pl. à 2 col., s. d. [7].

Affiche à 3 col, tirée à 50 ex. et contenant : 1° *Ordonnance* de la Chambre municipale de Chalon-s/S. relative aux inhumations (26 juin 1784). Les honoraires du concierge-fossoyeur étaient fixés à 25 sols pour les enfants et à 45 sols pour les personnes âgées de plus de 16 ans; en outre les mendiants et les gens insolvables devaient être inhumés gratuitement; 2° *Homologation* de cette Ordon-

1. Bibl. mun. de Chalon-s-S., rec. f., 1150 (*bis*), 9e vol., n° 3.
2. Arch. mun. de Chalon-s-S., HH, 4.
3. *Ibid.*, DD, 2.
4. *Ibid.*, Coll. de vieilles affiches.
5. *Ibid.*, HH, 4.
6. *Ibid.*, FF, 4.
7. *Ibid.*, II.

nance par le Parlement de Dijon, (26 juillet 1784) ; 3° *Délibération* de la dite Chambre municipale décidant l'impression, la publication et l'affichage des actes précédents (14 août 1784). Delorme Delatour, 1784[1].

Affiche annonçant l'adjudication des droits de l'étape, du mesurage des grains, des bâtiments et de l'huilerie appartenant à la ville dans la rue des Lâches (Rue Perrault), (9 décembre 1786). Delorme Delatour, 1786[2].

Affiche indiquant pour le 21 février 1787 l'adjudication en 5 lots de l'enlèvement, trois fois par semaine, dans la ville et les faubourgs, des boues, immondices, glaces et neiges, et du balayage des quais et places, les samedis et veilles des fêtes, avec transport des produits du balayage (14 février 1787). Imp. Delorme Delatour, 1787[3].

Ordonnance du lieutenant général du bailliage de Chalon-s-S. pour la convocation des États généraux. (26 février 1789). Aff. à 3 col., s. d.[4].

Extrait d'un arrêté relatif au payement des impositions (26 novembre 1879). Pl. à 2 col., 1789[5].

Jugement du tribunal des Causes de la juridiction des traites foraines de Chalon-s-S., concernant la vente du tabac (23 janvier 1790). Pl. à 2 col., 1790[6].

Ordonnance du Maire et des Officiers municipaux au sujet de l'exécution des Ordonnances de police (24 janvier 1791). Gr. pl. à 4 col., s. d.[7].

Le cadre de ce simple essai ne nous permet pas de consacrer un chapitre à chacun des Imprimeurs qui s'établirent en ville après la suppression des maîtrises et des

1. Arch. mun. de Chalon-s-S., DD, 33.
2. *Ibid.*, CC, 47.
3. *Ibid.*, FF, 7.
4. *Ibid.*, Dossier préliminaire de la Révolution.
5. Bibl. mun. de Chalon-s-S. Collection de vieilles affiches.
6. *Ibid.*
7. Coll. de M. Lucien Roy, distillateur à Chalon-s-S.

jurandes (17 mars 1791), et la Déclaration des droits de l'homme insérée dans la Constitution du 14 septembre suivant.

Après avoir complété succintement la notice qui précède, nous suivrons seulement jusqu'à nos jours les successeurs directs de Delorme Delatour qui, comme nous l'avons dit, dirigeait en ville, dès 1772, la seule imprimerie autorisée et en laquelle étaient venues se fondre toutes les autres.

*
* *

Solidement établi, Delorme Delatour[1] tint tête aux différents confrères qui vinrent lui disputer le travail, allant

Signature de Delorme Delatour

sans cesse en augmentant en raison des événements politiques et des idées nouvelles. Mais pour cette dernière partie de l'existence de ce typographe, nous n'avons aucun

Marque de Delorme Delatour[1]

fait spécial à rapporter, si ce n'est que le 7 fructidor an VII (24 août 1799), revenant d'un voyage, on le trouva sans vie dans la diligence faisant le service de Beaune à Chalon[2]. Son acte de décès fut dressé le lendemain à Nuits[3], où il

1. A partir de 1793 sur ses impressions, il signa seulement Delorme.
2. Communication de M. Fr. Dejussieu, imp. à Autun.
3. Voir Pièces justif., n° 27.

s'était marié en secondes noces et où habitaient deux frères de sa femme.

***

De son atelier, avaient continué de sortir des brochures et des impressions demandées surtout par le district, la municipalité, les sociétés politiques et les gens de procédure.

Parmi ces productions, nous mentionnerons les plus intéressantes :

1791. — *Loi se rapportant aux vacances des tribunaux* (23 septembre 1791). In-4°, 3 p., 1791.

Loi additionnelle à celles concernant l'organisation des Monnaies (28 septembre 1791). In-4°, 15 p., 1791.

Loi relative aux Colonies (même date). In-4°, 4 p., 1791.

Tableau des avantages et des bienfaits de la Constitution françoise. Sans nom d'auteur. In-8°, 8 p., 1791.

1792. — *Loi concernant l'organisation de la Garde nationale* (14 octobre 1791). In-8°, 29 p., 1792.

Almanach du père Gérard pour l'année 1792, la troisième de l'ère de la Liberté, par J.-M. Collot d'Herbois. In-12, 95 p. Brochure ayant remporté le prix proposé par la Société des Amis de la Constitution séante aux Jacobins, 1792.

Affiche datée du 1er mai 1792 et relative à la *Vente des biens Nationaux* (1m,82 sur 0,58), 1792.

Procès-verbaux des séances tenues par des Sociétés patriotiques réunies fraternellement à Chalon, district du Département de Saône-et-Loire, les 1er, 2, 3, 4 et 5 juin l'an quatrième de la Liberté. In-4°, 21 p.

Liste de M.M. les Electeurs composant l'Assemblée générale du Département de Saône-et-Loire réunis à Chalon-sur-Saône le 2 septembre 1792, l'an 4 de la Liberté et 1er de l'Égalité, pour la nomination des Députés à la Convention Nationale. In-8°, 24 p., 1792.

1793. — *Constitution française.* In-12. 24 p. (prix broché, 8 sous.) « Imprimé par ordre des Administrateurs du district de Chalon », informant « que des malveillans font circuler des soit-disans projets de Constitution. » A Chalon S.S. « Chez Delorme, Imprimeur de la République ».

An II. — *Délibération du Conseil général de la Commune de Chalon S. S., relative à la nomination de 6 commissaires, en exécution de la loi du 3 novembre dernier sur l'emprunt forcé.* « 10 du second mois de l'an II ». Placard à 2 col. séparées par une suite de bonnets phrygiens, s. d.

Extrait du Registre des Arrêtés du Maire de la Ville de Chalon S. S. (25 ventôse an II), au sujet de la réparation du pavé devant les maisons. Placard à 3 col. « A Chalon S. S. de l'Imprimerie de Delorme, quai de Saône, proche le Pont », s. d.

Adresse des Administrateurs du district de Chalon-s-S. aux citoyens de son Arrondissement, relative au nouveau calendrier, au repos décadaire, aux fêtes instituées par la Convention nationale (3 germinal an II). In-4°, 3 p., s. d.

Réglement général de la Société populaire régénérée des Républicains sans culottes de la Commune de Chalon-sur-Saône (6 germinal an II). In-4° 12 p., s. d.

Arrêté du Conseil général du district de Chalon-s-S., relatif à la prompte exécution des lois (2 floréal an II). In-4°, 12 p., s. d.

Arrêté du Comité de Salut public, au sujet du salpêtre. (26 floréal an II). In-4°, 4 p., s. d.

Délibération de la Société populaire (3 prairial an II), suivie de *Plan de la Fête à l'Etre suprême*. In-4°, 19 p., s. d.

Couplets qui seront chantés pendant cette fête. In-8°, 7 p., s. d.

An III. — *Délibérations relatives à la conscription et à la Recherche des réfractaires* (1er frimaire et 19 nivôse an III). Placard à 3 col., Delorme, s. d.

Nicolas Giroux, fils, ex-administrateur du district de Chalon-sur-Saône, à ses concitoyens et aux représentants du peuple en commission dans ce département (floréal an III). In-4°, 12 p.

Liste des terroristes chalonnais victimes de la réaction thermidorienne (24 prairial an III). Placard à 3 col., s. d.

Les citoyens de la Commune de Chalon-sur-Saône à la Convention nationale, au sujet de Charles Milliard, député de Saône-et-Loire (messidor an III.) In-4°, 10 p. Delorme, an III.

Adresse à la Convention Nationale par les ayeux, ayeules, pères et mères d'émigrés domiciliés dans le district. In-4°, 18 p., an III.

An V. — *Délibération de l'Administration municipale de Chalon-sur-Saône*, relative à des délits de police et à l'envoi de 50 hommes de cavalerie jusqu'à la fin de la foire de la Saint-Jean pour maintenir la tranquillité publique (20 prairial an V). In-4°, 10 p., s. d.

Tableau des variations du cours des assignats pour servir de base aux transactions entre particuliers (y compris le commencement de 1796). Placard s. d.

XIV

Vve DELORME DELATOUR

Après la mort de son mari, la veuve Delorme, aidée de son gendre Michel-Anne Dejussieu, occupé depuis longtemps dans l'antique atelier, resta sinon en réalité, du moins nominalement à la tête de l'imprimerie du défunt dont le nom continua de paraitre sur les impressions.

Née à Nuits en 1757, elle était fille de François Raille, établi à la Serrée, dépendance de cette dernière ville, dans un moulin dont la roue servait alternativement à écraser le grain, à fouler la laine, à fabriquer du papier, etc., et de Anne Vincent. Elle avait pour frères Claude et Bernard Raille, qui furent plus tard à la tête de l'établissement de leur père, et pour sœur Gabrielle Raille, qui épousa Thomas Siredey, marchand épicier à Chalon[1].

1. Cf. Divers reg. de l'état civil de Chalon-s-S.

La veuve Delorme conserva son imprimerie jusqu'en 1808. Un règlement de police imprimé après le 9 juin de cette année porte en signature « Delorme[1] » et l'*Indicateur du Département de Saône-et-Loire*, n° du 1er septembre suivant, est imprimé par « Dejussieu-Delorme[2] ». C'est donc entre ces deux dates qu'elle remit son imprimerie à son gendre.

Elle mourut à Chalon le 13 décembre 1847, âgée de 90 ans[3], et fut inhumée au cimetière de l'Est, dans la concession Dejussieu.

***

Parmi les impressions sorties de ses presses avec le nom « Delorme », nous signalerons :

An VIII. — *Affiche* annonçant l'amodiation aux enchères de domaines à Ciel, à Chevrey et à Saint-Maurice-en-Rivière, par le notaire Carré, de Verdun (23 thermidor an 8). Delorme, s. d.

Les grands et les fripons au pilori, par Guillaume Deynes. In-8°, 137 p. dont 18 de pièces justif., brochure ayant trait à l'armée et aux détournements qui s'y commettent au préjudice de la Nation, et portant cette mention : « A la maison d'arrêt de Chalon-sur-Saône, le 16 vendémiaire de l'an huit de la République française ».

Au bas du feuillet portant le titre : « A Chalon S. S., de l'Imprimerie de Delorme, vendémiaire an huit ».

An XI. — *Consultation* au sujet de l'instance Perrot, père (12 floréal an XI). In-4°, 54 p., s. d.

Mémoire pour le citoyen Perrot, père, propriétaire des Forges de Gueugnon et Perrecy, demeurant à Chalon-sur-Saône, et *Consultation* (17 thermidor an XI). In-4°, 55 p., s. d.

An XII. — *Exposé des principes d'administration dans le Département de Saône-et-Loire.* Sans nom d'auteur. In-8°,

1. Voir p. 80.
2. *Ibid.*, p. 84.
3. Cf. Reg. des décès de Chalon-s-S., année 1847.

293 p. « A Chalon s-S., de l'Imprimerie de Delorme. (Fructidor an XII) ».

An XIII. — *Arrêté du Maire de Chalon-s-S.*, au sujet du bail pour l'enlèvement des boues (1er brumaire an XIII). Pl. à 2 col, s. d.

An XIV. — *Avis* annonçant qu'il sera procédé le 22 frimaire an XIV au bail de l'enlèvement des boues. Placard. « Delorme, quai de Saône, proche le pont ». S. d.

Avis au public, au sujet de la vente d'effets militaires (literie) déposés aux Carmes (9 nivôse an XIV). Pl. s. d

1807. — *Vente à l'Hotel de ville de l'herbe de 21 soitures 3/4 de pré, aux Moirots, finage de Chalon, le 21 juin 1807*. Pl. s. d.

1808. — *Règlement de police* concernant les ouvriers connus sous la qualification de compagnons (9 juin 1808). Pl. s. d.

Sans date. — *Précis contre les prétentions de la régie*, par le citoyen Lavaure, fils, Président du Tribunal de commerce. In-4°, 12 p.

Grands détails sur la fameuse bataille de Marengo. Prise de 8000 ennemis, 15 drapeaux et 40 pièces de canon; armistice conclu entre les Français et les Autrichiens; évacuation de toute l'Italie par l'ennemi; mort du général Desaix, etc., etc. Sans nom d'auteur. In-8°, 4 p.

La Campagne de six semaines, poème en 3 chants. Sans nom d'auteur. In-8°, 29 p.

Opuscules sacrés et lyriques ou Cantiques sur différents sujets de piété. In-12, LII-328 p. (Imprimé au plus tôt en 1804).

Prospectus de l'établissement d'une maison d'éducation dans l'ancien doyenné de Saint-Vincent de Chalon S. S., en faveur des jeunes gens qui se destinent à l'état ecclésiastique. In-4°, 4 p. (Parait être de 1806).

Almanach. — Aux impressions qui précèdent nous devons ajouter pour 1808 celle de l'almanach *Dieu soit béni*

ou *Almanach fidèle*, publication qui remonte à une époque assez éloignée. La Bibliothèque municipale de Chalon en possède un exemplaire imprimé à Chastillon en 1723, et une série commençant à 1794 et sortie des presses de Troyes. Toutes les éditions sont rédigées sous le pseudonyme du « sieur Maribas, grand Astrologue et Mathématicien ». L'édition de 1808, contenant 32 p. in-8°, porte la mention : « A Chalon-sur-Saône, chez Delorme, imprimeur-libraire sur le quai. » Elle indique les jours fériés ou ouvrables, les quartiers de la lune, les heures du lever et du coucher du soleil, les journées de brouillards, de pluie, de vent, de neige, de froid, de beau temps, de chaleur, de tonnerre. Elle mentionne aussi les jours convenables pour fumer la terre, semer et planter, couper du bois; pour se faire saigner, ventouser; pour prendre médecine ou pilules; pour tailler les cheveux et les ongles. Elle prédit ce que sera chaque saison et annonce des récoltes abondantes et de bonnes vendanges. A ces indications naïves ou fantaisistes, succèdent le tableau des foires des départements de Saône-et-Loire, de la Côte-d'Or et du Jura, des reproductions d'anecdotes extraordinaires et enfin l'annonce d'un produit imaginaire en vente à Chalon.

XV

MICHEL-ANNE DEJUSSIEU

L'ancienne famille Dejussieu ou de Jussieu, branche collatérale de celle des illustres naturalistes et botanistes de ce nom, eut dès le 1er mars 1769, à la tête de l'imprimerie d'Autun, son chef Pierre-Philippe, né à Dijon le 21 avril 1745, époux de Andrée-Anne Mathey, fils de Christophe-Joseph Dejussieu, originaire de Montrottier et imprimeur à Dijon. Ce dernier était issu de Blaise Dejussieu, marchand, demeurant à Saint-Martin-de-Montrottier, en Lyonnais, mari de Suzanne Trottier, et dont l'aîné des fils, Philippe, fut aussi imprimeur à Montrottier (Rhône).

Pierre-Philippe Dejussieu eut pour enfants Michel Anne, objet de la présente notice, et François-Claude, qui reprit l'atelier paternel en 1805. A ce dernier succéda, en 1847, son fils Michel-Pierre-Philippe qui s'est éteint à Autun, en 1912, à l'âge de 92 ans, ayant conservé jusqu'à ses derniers moments un ardent amour de sa profession et laissant son imprimerie à son fils François-Michel-Pierre-Philippe[1].

Né à Autun le 3 octobre 1772[2], Michel-Anne Dejussieu épousa le 28 fructidor an II (14 septembre 1794) Anne-Gabrielle Delorme Delatour[3], fille du maître chalonnais dont l'atelier devait lui revenir un jour.

De son mariage, il eut[4] :

1° Pierre-Philippe, né le 13 thermidor an III (31 juillet 1795), qui fut imprimeur à Mâcon ;

2° François, surnommé Auguste, né le 12 nivôse an VII (1er janvier 1799), qui exerça la même profession à Langres ;

3° Gabrielle-Jeanne, dite Ernestine, née le 25 octobre 1802. Elle resta célibataire et habita plus tard avec son frère puîné ;

4° Jules, né le 11 octobre 1803, sujet de la notice suivante ;

5° Philippine, née le 5 janvier 1806, qui épousa François Gaguin, banquier à Louhans ;

6° Ernest, né le 26 septembre 1807. Il fut négociant à Lyon, et mourut à St-Gall (Suisse) ;

1. Cf. Renseignements communiqués par M. Fr. Dejussieu, imp. à Autun.
2. Cf. Arch. mun. de Chalon-s-S., reg. des mar., an II.
3. *Ibid.*
4. Les indications relatives aux enfants de Michel-Anne Dejussieu sont tirées des reg. de l'état civil de Chalon-s-S., ou sont dues à l'obligeance de M. Fr. Dejussieu, imp. à Autun.

7° Louise, née le 17 octobre 1810, qui prit pour époux Nicolas Lebrun, négociant à Chalon-sur-Saône;

8° Anne, dite Augustine, née le 27 juin 1815, qui s'unit à Claude Alexis Meulien, aussi négociant au même lieu.

En l'an VI, pour le 1er trimestre, il figura sur la liste des membres du Jury[1].

Il reprit l'imprimerie de sa belle-mère en 1808[2]. *L'Almanach du département de Saône-et-Loire* pour 1815 le mentionne comme imprimeur breveté[3] et libraire rue des Marchands (rue du Châtelet), où, vers 1813, il avait acquis des héritiers Louvier une maison dont il fit reconstruire la façade et raccorder la partie qui longeait la rue Saint-Germain[4].

Enfin il mourut à Chalon le 27 mai 1834[5], résidant toujours rue du Châtelet.

A la suite de son décès, *Le Drapeau tricolore* (n° du 28 mai) dit : « M. Dejussieu, imprimeur, a terminé hier, mardi, une longue et honorable carrière, toute consacrée à son industrie. Il emporte les regrets de ses concitoyens, et laisse dans la douleur une nombreuse famille. »

Le Patriote de Saône-et-Loire (n° du 28 mai 1834), publia seulement : « M. Dejussieu père, imprimeur à Chalon S. S. fondateur et ancien propriétaire-gérant de *La Gazette de Bourgogne*, vient de décéder dans notre ville. »

Sa veuve, qui résida quai des Messageries, lui survécut jusqu'au 20 janvier 1846[6].

En dehors de sa profession, Michel-Anne Dejussieu chercha à faire profiter ses concitoyens de ses connais-

1. Cf. Bibl. mun. de Chalon-s-S., rec. f. 1156 (*bis*), 5e vol., n° 91.
2. Voir p. 79.
3. Son brevet, conservé à l'imprimerie Bertrand, lui avait été délivré par le Chancelier de France le 9 février 1815.
4. Cf. reg. des délib. du Conseil municipal, 14 mai 1813.
5. Voir Pièces justif., n° 28.
6. Cf. reg. des décès de Chalon-s-S., 1846.

sances spéciales en acceptant pendant plusieurs années les fonctions de bibliothécaire-adjoint de la ville, puis, au décès de M. Brunet-Maisonrouge, celles de bibliothécaire, qu'il exerça du 17 novembre 1829 au 26 octobre suivant[1]. Comme le dit M. G. Millot, la Révolution de Juillet ne lui laissa pas le temps de se rendre utile à la Bibliothèque.

Au sujet de ses impressions, nous rapporterons l'anecdote suivante relatée par V. Fouque : « Les archers ont fait imprimer, il y a quelques années, au nombre de vingt-quatre exemplaires, un registre contenant les articles secrets de leur règlement. L'impression a été combinée de façon qu'il existe sur chaque page de nombreux blancs destinés à y inscrire les faits et les événements secrets qui méritent d'être conservés. C'est M. Dejussieu père qui a imprimé ce registre. Non contents de lui avoir fait jurer de ne jamais divulguer son contenu, deux archers ont assisté à sa composition et à son impression, et ils ont été présents à l'imprimerie tout le temps qu'a duré l'opération[2]. »

Signature de Michel-Anne Dejussieu

*
* *

Michel-Anne Dejussieu coutinua de faire paraître l'almanach *Dieu soit béni* et imprima les périodiques suivants.

1° *L'Indicateur du Département de Saône-et-Loire.*

Nous avons vu le numéro du 1er septembre 1808 ; mais il est probable qu'il imprima ce journal un peu avant cette date.

1. Cf. G. Millot, *Cat. de la Bibl. mun. de Chalon-s-S*, 4e vol., p. 294.
2. V. Fouque, *Recherches sur les corporations des Archers*, etc., p. 184.

De format in-8°, comme les deux publications suivantes, il paraissait deux fois par semaine, le jeudi et le dimanche. Le prix de l'abonnement était de 15 francs par an, 8 francs pour 6 mois et 4 francs pour 3 mois, pris à Chalon ; et de 18 francs par an, 10 francs pour 6 mois et 5 francs pour 3 mois, franc de port, pour tout l'Empire.

2° *La Feuille d'annonces, affiches et avis divers.*

Ce journal avait été autorisé dans la ville de Chalon-sur-Saône par Décret du 14 décembre 1810, et Arrêté préfectoral du 8 février suivant. Il paraissait ordinairement le dimanche et le mercredi. Prix de l'abonnement : 15 francs pour Chalon, et 18 francs pour tout le département, franc de port.

3° *Le Journal du Département de Saône-et-Loire.*

Le premier numéro, daté du 2 février 1813, porte en tête : « Le Préfet de Saône-et-Loire, Considérant que depuis l'occupation de la ville de Mâcon par l'ennemi, le journal du département a cessé de paraître, Arrête que M. Dejussieu, imprimeur à Chalon, est autorisé provisoirement à composer sous notre surveillance ou celle de M. le Sous-Préfet, le *Journal du Département* et à le publier. » Paraissant les lundi, jeudi et samedi, il comprenait 4, 8 ou 12 pages, suivant l'abondance des matières. L'abonnement était fixé à 3 fr. par mois pour Chalon, et à 4 fr. pour le département et toute la France.

A la fin du numéro du 13 mai 1814, il est dit : « Ce journal paraîtra désormais trois fois par semaine, les mardi, vendredi et dimanche. Les numéros des mardi et dimanche ne seront composés ordinairement que de 4 p. in-8 ; celui du vendredi en contiendra 8. Le prix de l'abonnement pour 3 mois sera, comme à l'époque de *L'Indicateur*, de 4 fr. pour Chalon, et de 5 fr., franc de port, pour la France. MM. les souscripteurs recevront en outre, gratis, la feuille d'annonces, chaque fois qu'elle paraîtra. »

Le numéro du 22 juin porte en tête : « Ce journal ne paraîtra désormais que deux fois par semaine ; les numéros du dimanche et du mardi, qui ne sont que de 4 p. chacun, seront réunis en un seul de 8 p., qui paraîtra le mercredi, et le second numéro sera distribué le samedi dans l'après-dinée. Cette mesure est nécessitée par l'ordonnance de police sur la stricte observance des dimanches et fêtes. »

A partir du 23 juillet, le journal redevint *L'Indicateur du Département de Saône-et-Loire;* mais il ne parut que deux numéros.

Enfin il est dit, en tête de la *Feuille d'annonces* du 30 juillet 1814 : « Par ordre de M. le Préfet, le *Journal politique* que nous imprimions étant supprimé, nous prévenons nos abonnés que nous ne publierons désormais que la *Feuille d'annonces*, qui paraîtra deux ou au moins une fois par semaine, suivant l'abondance des matières. — Les personnes qui ont renouvelé leur abonnement, peuvent se présenter au bureau où restitution leur sera faite de l'argent qu'ils ont avancé. »

Avec le titre de propriétaire-gérant, il imprima aussi *La Gazette de Bourgogne* qu'il avait fondée et dont nous n'avons pu trouver aucun numéro[1].

Parmi les autres impressions de Michel-Anne Dejussieu, nous citerons :

Annuaire du Département de Saône-et-Loire, 1813. Avec addition d'une carte du Département, non imprimée à Chalon. In-12, 214 p. « A Chalon S. S. chez Dejussieu-Delorme, sur le quai. »

Cet Annuaire n'avait pu être imprimé à Mâcon en raison de l'occupation de la ville par l'ennemi.

De la ville de Chalon ou les Contrastes, par M. R. D. M. In-8°, 14 p. (Imprimé vers 1815.)

1816. — *Discours* prononcé le 17 août 1816 par M. Paccard, avocat, ancien député du Tiers Etat du bailliage de Chalon-sur-Saône aux Etats-Généraux de 1789, président de la Cour prévôtale du département de Saône-et-Loire,

1. Voir p. 83.

établie à Chalon-sur-Saône, à l'installation de cette Cour, faite par M. Ranfer de Monteeau, premier président de la Cour royale de Dijon. In-4°. 21 p.

Le bouquet du sentiment ou Allégorie des plantes et des couleurs, par Mme Goyet. Petit in-8°, 130 p. et 3 pl.

1817. — *Ordonnance du roi relative à l'exercice de la profession de boulanger* (5 février 1817). In-4°, 6 p.

Proclamation du maire aux habitants, au sujet de l'opposition à la circulation des grains (3 avril 1817). Placard à 3 col., s. d.

Discours pour la distribution des prix au Collège de Chalon-sur-Saône, prononcé le 28 août 1817, par le Préfet de Saône-et-Loire. In-4°, 3 p.. s. d.

1819. — *Supplément au Recueil des Cantiques à l'usage de la Mission de Chalon S. S.*, sans nom d'auteur. Petit in-8°, 10 p., avec frontispice (gravure sur bois).

1820. — *Procès-verbal de la plantation de la Croix de Mission à Chalon-sur-Saône* (5 mai 1820). In-4°, 4 p.

Cette croix, pesant 2700 livres, était érigée sur la place de Beaune, et remplaçait une autre croix plantée en 1745 par le P. Bridaine et abattue pendant la Révolution.

Lettres écrites de Chalon-sur-Saône pendant la Mission de cette ville, en 1820, par Paul Perrot, juge à Chalon. In-8°, II-106 p.

Vie de S. Marcel, apôtre de Chalon-sur-Saône, sans nom d'auteur, texte latin et traduction, suivi d'une courte notice. Petit in-8°, 19 p.

Les principes de la Révolution française (brochure rédigée en 1818), sans nom d'auteur. Petit in-8°, III-115 pages. Dejussieu, Imprimeur du roi, 1820.

Affiche relative à l'adjudication des droits à percevoir pour la location des places aux foires de la Saint-Jean, tenues sur le rempart de Gloriette (29 décembre 1820). Aff. à 3 col., s. d.

1821. — *Epîtres et Evangiles des dimanches et fêtes de toute l'année, augmentés des Prières du matin et du soir, d'un*

Exercice pour la Messe et des Vêpres et Complies du dimanche, sans nom d'auteur. Petit in-8°, XXVIII-363 p.

1822. — *Quelques observations sur l'état actuel de l'instruction publique dans les collèges* (16 mars 1822), sans nom d'auteur. In-8°, 31 p.

Recueil des Offices et Prières qui se chantent pendant les Processions et Octave de la Fête du Très-Saint-Sacrement dans l'Eglise cathédrale. Tirés du nouveau Bréviaire et du Processionnal de ladite Eglise. Avec les Statuts et Reglemens de la Confrérie établie en l'Eglise de Saint-Vincent de Chalon-sur-Saône. Sans nom d'auteur. Petit in-4°, 122 p. (Réimpression)[1].

1823. — *Imitation de Jésus-Christ*, avec additions par le P. de Gonnelieu. In-12, XXX-552 p., avec vignette sur le feuillet du titre. Livre bien imprimé sur bon papier.

1825. — *Collège de Chalon-sur-Saône. Prix distribués par MM. les Membres du Bureau d'administration et la Municipalité*, le 27 août 1825. Placard à 3 col.

Précis pour la demoiselle Rose Bourgeois de Richemont, femme Dariot, défenderesse en séparation de corps, contre le sieur Charles Dariot, demandeur (20 avril 1825). In-4°, 18 p.

1826. — *Programme des réjouissances publiques et des cérémonies municipales qui auront lieu dans la ville de Chalon-sur-Saône, les 3 et 4 novembre, pour la célébration de la S. Charles, fête du roi* (20 octobre 1826). Pl. s. d.

1827. — *Traité de l'ergot du seigle ou de ses effets sur l'économie animale, principalement la gangrène* (Nouvelles découvertes), par J.-F. Courhaut. In-8°, XVI-107 p. et 1 pl. sur acier.

Mémoires sur les maladies épidémiques contagieuses, par le même. In-8°, V-93 p.

1830. — *Arrêté du Sous-Préfet de Chalon-sur-Saône, maintenant tous les fonctionnaires de l'ordre administratif et financier* (à la suite de l'abdication du roi). 5 août 1830. Pl. s. d.

Procès-verbal de la séance royale de la Chambre des pairs

1. Voir pp. 44 et 60.

et de la Chambre des députés, réunies au palais de la Chambre des députés (9 août 1830). Placard à 3 col., s. d.

1833. — *Confrérie du Très-Saint-Sacrement établie dans le diocèse d'Autun* (Règlement, Instruction, Prières) In-8°, 40 p.

XVI

JULES DEJUSSIEU

C'était le troisième fils de l'imprimeur dont nous venons de parler.

Après avoir terminé ses études au lycée de Dijon, où il fut condisciple de Lacordaire, il fit son apprentissage dans l'atelier paternel, puis alla travailler dans d'autres maisons françaises pour s'initier aux progrès réalisés dans sa profession. Aussi, en 1834, à la mort de son père, qu'il était revenu seconder depuis longtemps déjà, il possédait les connaissances indispensables et l'expérience nécessaire pour donner un nouvel essor à l'antique établissement qui lui avait été réservé.

Alors que les productions de son atelier allaient en augmentant, il eut la bonne fortune de rencontrer un savant, Chabas, qui tenait à faire profiter Chalon de ses découvertes, et désirait voir imprimer ses travaux dans cette ville. Le maître chalonnais n'avait pas le matériel indispensable. Néanmoins, devinant l'importance que ces impressions spéciales pouvait donner à son atelier, il saisit avec empressement les propositions du savant, et, avec des signes gravés sur bois par ce dernier, surmontant de grandes difficultés, il put produire, dès 1855, des ouvrages qui firent sensation. Plus tard, Chabas, à qui l'Imprimerie nationale avait toujours refusé des caractères hiéroglyphiques, réussit, grâce à un intermédiaire, à en obtenir une collection de Berlin, puis à prendre possession en 1865 d'une quantité suffisante des types de cette ville[1]. J. Dejussieu, qui avait déjà imprimé diverses œuvres relatives à la vieille Égypte, fut dès lors en état de produire ce qu'on vint lui offrir, et, par suite, de préparer Chalon à devenir « un centre égyptologique connu du monde entier ».

En 1856, pour se donner plus entièrement à son imprimerie, où il s'occupait aussi de lithographie, il céda sa librairie à M. Mulcey, puis, bientôt, quittant la rue du Châtelet, alla s'installer rue des Tonneliers, dans l'ancien hôtel Chiquet, vaste bâtiment appartenant à la famille Violet, alliée aux Dejussieu, et où Napoléon Ier et l'impératrice Joséphine, puis, à leur départ, le pape Pie VII avaient séjourné en 1805. De ce moment, le nouvel atelier put recevoir tous les développements nécessités par les travaux à entreprendre, lesquels, en 1867, valurent à leur directeur une médaille de bronze à l'Exposition universelle de Paris.

Malgré ses occupations, J. Dejussieu, pour se rendre utile à ses concitoyens, accepta les fonctions d'administrateur de la Caisse d'Épargne et les remplit pendant de longues années. En outre, il fit partie, dès sa création, de la Société des Amis des Arts, fut membre fondateur de la Société d'Agriculture et d'Horticulture de Chalon et de la Société bourguignonne pour l'amélioration de la race chevaline. Il s'associa aussi aux travaux de la Société d'Histoire et d'Archéologie et de la Société des Sciences naturelles.

Le 1er janvier 1881, pliant sous le poids des ans et d'une direction de près d'un demi-siècle, il céda son imprimerie, et, en compagnie de sa sœur Ernestine, restée comme lui célibataire, il se retira au n° 9 du quai de la Poterne. Là,

1. Cf. *Discours de M. Leconte*, au 300e anniversaire de la création de l'imprimerie à Chalon-s-S.

le 29 novembre 1882, la mort vint l'emporter après une courte maladie[1].

A l'issue de ses obsèques, M. Félix Sordet, en un discours touchant, retraça la vie du défunt « acquérant, par des travaux justement appréciés, une notoriété de bon aloi, et gagnant l'estime générale par sa probité et la douceur de son caractère ». Il le peignit « bienveillant, généreux et modeste ». Il dit que ses confrères n'oublieraient point « son obligeance » et que ses ouvriers se rappelleraient « sa bonté ». Enfin il ajouta que ce n'était pas sans un serrement de cœur que l'ancien imprimeur chalonnais avait abandonné sa chère profession, que bientôt il en avait conçu un chagrin non dissimulé, et que, de ce moment, dans ses causeries, « il aimait surtout à parler de son imprimerie et de cet art typographique pour lequel il avait un véritable culte[2] ».

Inhumé au cimetière de l'Est, il repose maintenant près

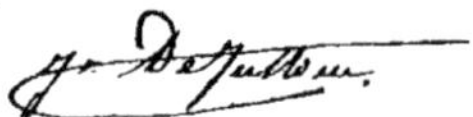

Signature de J. Dejussieu

de son père, de sa mère, de sa sœur Ernestine, qui le rejoignit le 23 janvier 1888, et de sa grand'mère Delorme Delatour, dans une concession entourée d'un lierre vigoureux et de plantes vertes qui recouvrent en partie trois pierres tombales.

***

Parmi les impressions de J. Dejussieu, nous mentionnerons :

1° Périodiques :

1. Cf. Arch. mun. de Chalon-s-S., reg. des décès, 1882.
2. Voir Pièces justif., n° 29.

En plus de l'almanach *Dieu soit béni*, il imprima :

A partir de 1844, le *Journal de la Société d'agriculture et d'horticulture de Chalon-sur-Saône.*

De 1846, les *Mémoires de la Société d'Histoire et d'Archéologie* de la même ville. (Sauf le t. II qui fut imprimé par Montalan.)

Du 1er juillet 1848 au 29 novembre 1851, le journal *La Révolution de 1848.*

De 1853, *L'Indicateur chalonnais*, journal d'annonces commerciales, faits et avis divers, paraissant le vendredi. Abon[t], un an : 7 f.

Du 1er janvier 1874 au 31 décembre 1880, le journal *Le Conservateur.*

De 1874, *L'Egyptologie*, journal mensuel, publié par F. Chabas. Abon[t], 24 f. Durant les années 1874 et 1875, parurent les *Maximes du scribe Ani*, d'après le papyrus hiératique n° IV du Musée de Boulaq.

De 1879, le *Bulletin* et les *Mémoires de la Société des Sciences naturelles de Saône-et-Loire.*

Divers sujets traités dans ces publications ont donné lieu à des tirages à part qui se trouvent en partie rapportés dans les § qui suivent.

2° Livres et brochures intéressant Chalon et la région :

1846. — *Lettre à M. le Comte de Salvandy sur le trésor de Gourdon*, par Rossignol. In-8°.

Recherches historiques sur les libertés et franchises de la ville de Chalon-sur-Saône, par Léopold Niepce. In-8°, 58 p.

Des armoiries de la ville de Chalon-sur-Saône et de ses différents noms, par Ch.-Eugène Milliard. In-4°, 18 p., et 2 pl. en couleur.

Notice sur l'église de Saint-Dézert, ses fortifications et les peintures murales découvertes dans une de ses chapelles, par Marcel Canat. In-8°, 77 p.

Doléances, par J.-F. Courhaut (de Chalon-s-S.) In-8°, 15 p.

1854. — *Explication des ouvrages de peinture, sculpture, gravure, dessin de l'Exposition de la Société des Amis des Arts de Chalon-sur-Saône* (18 juin 1854). Petit in-8°, 36 p.

1856. — *Inscriptions antiques de Chalon-sur-Saône et de Mâcon*, par M. Canat, gr. in-4°, 63 p. et pl.

Lettres sur les armoiries de Verdun-sur-le-Doubs, par A. Jeandet. In-8°, 15 p.

1857 — *Fouilles de Saint-Jean-des-Vignes* (décembre 1855 et février 1856), par Jules Chevrier. In-4°, 27 p. 3 pl. et 1 plan.

1859. — *Groupe antique représentant un Gladiateur terrassé par un lion*, (trouvé en septembre 1856 à Chalon-s-S.), par J. Chevrier. In-4°, 10 p. et pl.

1861. — *Notre-Dame-de-Pitié de l'Eglise cathédrale de Saint-Vincent de Chalon s/S.*, par l'abbé Bugniot. In-12, VI-29 p.

1863. — *Documents inédits pour servir à l'histoire de Bourgogne*, par M. Canat. In-8°, XXIX-496 p. (publié par la Soc. d'Hist. et d'Arch.).

1865. — *Lettre d'un contribuable à M. le Préfet de Saône-et-Loire relative au projet d'établissement de deux chemins de fer départementaux*, par A. Benoist, avocat, In-8° 22 p.

Réponse de M. Adolphe Benoist, avocat, à M. le Préfet de Saône-et-Loire. In-8°, 23 p.

1866. — *Histoire de Sennecey*, par L. Niepce. In-8°, IV-526 p. (publiée par la Soc. d'Hist. et d'Arch.).

Dictionnaire topographique de l'Arrondissement de Louhans, par Jules Guillemin. In-4°, VIII-84 p.

1867. — *Etude sur la corporation des avocats de l'ancien bailliage de Chalon-sur-Saône. La confrérie de Saint-Yves de Chalon s/S.*, par H. Batault, in-f°, 40 p. et 2 pl.

Fouilles de La Grange-Frangy, exécutées en novembre 1865, par J. Chevrier. In-f°, 20 p. et pl.

1868. — *Guillaume Boichot*, par Jules Guillemin. In-4°, 74 p. et 1 gr. sur acier.

Une pénalité des lois Gombette et les lumières qu'elle jette sur l'origine des Burgondes, par Eug. Beauvois. In-4°, 11 p.

1870. — *Notes historiques sur quelques évêques de Chalon-sur-Saône*, par M. Canat. In-4°, 20 p.

1871. — *Notice historique sur les travaux de recherche des eaux dans la ville de Chalon-sur-Saône*, par M. Champonnois-Bugniot. In-8°, 30 p.

1872. — *Manuel du Pèlerin au tombeau de saint Senoch, à Sassenay*, s. n. d'auteur (Abbé Lacour). Petit in-16, 126 p.

La Journée du 22 juillet à la Chapelle de Notre-Dame de Marloux, près Chalon-sur-Saône. Sans nom d'auteur. Petit in-4°, 8 p.

1873. — *Notice sur des vitraux peints exposés par J. Besnard*. Sans nom d'auteur (par G. Millot). In-4°, 8 p. et pl.

1874. — *Notices historiques et topographiques sur quelques villages de la Bourgogne*, par Canat de Chizy. In-f°, 34 p.

1875. — *Les Fouilleurs de Solutré*, par F. Chabas. In-8°, 30 p.

1876. — *Musée. — Rapport au Maire sur le développement des Collections* (1874-1875), par J. Chevrier. In-8°, 38 p. et pl.

Origines du Prieuré de Notre-Dame de Paray-le-Monial, par Canat de Chizy. In-16, 138 p.

1877. — *Confrérie en l'honneur du Sacré-Cœur de Jésus, canoniquement érigée dans l'Eglise cathédrale de Saint-Vincent de Chalon, le 16 mai 1877 par Mgr. Perraud*. Sans nom d'auteur. Petit in 8°, 20 p.

Budgets des principales villes du département de Saône-et-Loire, par Saint-Aubin. In-12, 124 p.

1878. — *Notice historique sur l'Association des Dames de la Miséricorde de Chalon.-s/S.*, par H. Batault. In-8°, VIII-328 p.

Exposé sommaire des motifs d'élever une statue à Joseph-Nicéphore Niepce, par les membres de la Commission chalonnaise chargée de pourvoir à la réalisation du projet. In-4°, 8 p.

Appel en faveur d'une souscription internationale, par la Commission du Monument à élever à Joseph-Nicéphore

Niepce et traduit en diverses langues, par G. Millot. In-4°, 8 p.

1879. — *Le Pas d'Armes de la Fontaine de Plours* (Chronique chalonnaise du XVe siècle, 1449-1450), par M. Canat de Chizy. Petit in-8°, 82 p.

L'Hospice de la Providence et les Sœurs de Saint-Vincent-de-Paul à Chalon s/S., par H. Batault. Petit in-8°, 33 p.

Deux ans de peste à Chalon s/S. (1576-1579). Recherches sur la contagion pendant le XVIe siècle, par M. Canat de Chizy. In-16, 51 p.

Petite notice historique sur Genouilly, par A.-M.-G.-D. In-12, 14 p.

Id. sur Germagny, par Louis-J.-M. Chaumont, 2e éd. In-16, 10 p.

1880. — *Une sédition à Chalon-sur-Saône*, (mai 1630), par M. Canat. Petit in-8°, 8 p.

Sans date. — *Le Prieuré de Sainte-Marie de Chalon-sur-Saône ; son origine et son premier état*, par Canat de Chizy. Petit in-12, 8 p.

Notice biographique sur Héliodore de Thiard et Marguerite de Busseul, par A. Jeandet. In-4°, 5 p.

Note sur un vase en marbre appartenant au Musée de Chalon (vase commandé par Napoléon Ier en 1812), par H. Batault. In-12, 7 p.

3° Brochures et livres divers :

1845. — *Lettres de Joseph Lebon à sa femme pendant les quatorze mois qui ont précédé sa mort*, avec une préface historique, par Emile Lebon, son fils. In-8°, 270 p.

1846. — *Programme de l'Histoire de France depuis les temps les plus reculés jusqu'en 1830*, par Tibulle Dardenne, professeur de rhétorique à Chalon. In-12, 35 p.

1847. — *L'art poétique d'Horace*, par le même. In-8°, II-29 p.

1848. — *Organisation du Crédit public. Bons hypothécaires*, par Ernest Siraudin. In-8°, 12 p.

1850. — *Essai sur les monnaies françaises du règne de Louis XIV*, par F. Bessy-Journet, revu par M. Diard.

In-f°, VIII-20 p. et 15 pl. (publié par la Société d'Hist. et d'Arch.).

1851. — *Histoire du Parlement de Bourgogne, de 1733 à 1790*, par A.-S. Des Marches. In-f°, VIII-252 p. et blasons (publié par la Soc. d'Hist. et d'Arch.).

1852. — *Lettre à M. le Directeur de la Bibliographie catholique*, par l'abbé Landriot. In-8°, 16 p.

Ibid. à M. le Rédacteur en chef de la Revue de l'enseignement chrétien, par le même In-8°, 8 p.

1853. — *Poésies*, par Jules Guillemin. In-12, VIII-288 p.

Quelques lettres de Joseph Le Bon, antérieures à sa carrière politique (1788-1791), publiées par son fils Emile Le Bon, juge à Chalon-s-S. In-8°, 50 p.

1855. — *Réfutation, article par article, du Rapport à la Convention nationale sur la mise en accusation de Joseph Le Bon*, par son fils E. Le Bon, In-8°, VI-65 p.

1857. — *Traité de sténographie*, par Claude Bathias. In-12, 75 p.

1858. — *Supplément à l'Histoire de Gigny* (Jura), par B. Gaspard. In-8°, 332 p.

1863-1864. — *Spectacle en famille* : 1° *Les deux lièvres*, in-18, 44 p. ; 2° *Une belle éducation*, id., 71 p. ; 3° *Une paire de bas bleus*, id , 115 p. ; 4° *Un grand scandale*, id., 104 p., le tout par G. Millot.

1864. — *Un homme qui a peur des gendarmes* (vaudeville), par F. Malo. In-8°, 10 p.

1865. — *Monnaies françaises de Louis XV et de Louis XVI*, par Georges de Soultrait. In-4°, 8 p. et 24 pl.

1868. — *De l'enseignement médical de l'Ecole de Paris*, par le Dr Vitteaut. In-8° 34 p.

1869. — *Le problème politique*, par le même. In-8°, 26 p.

1872. — *Réflexions sur les causes de notre décadence*, id. In-8°, 31 p.

1873. — *La solution de la question politique en l'an 1873*, id. In-8°, 15 p.

1875. — *Le problème du temps et en particulier du suffrage universel*, id. In-8°, 61 p.

1876. — *De l'éducation dans l'école*, par N.-L. Cligny, inspecteur primaire. In-8°, 28 p.

1880. — *Lettres du R. P. J. Batault, missionnaire apostolique à Alger* (1676-1736), avec des notes historiques sur le rachat des esclaves à cette époque (éditées par H. Batault). In-8°, 83 p.

Le suffrage universel ou l'avenir de la France, par le Dr Vitteaut. In-8°, 80 p.

4° Ouvrages de M. Chabas :

1855. — *Etudes égyptiennes. — Notes sur l'explication de deux groupes hiéroglyphiques.* In-4°, 11 p.

1856. — Id. — *Une inscription historique de Séti Ier.* In-4°, 38 p.

1860. — *Le papyrus magique Harris.* Grand in-4°, XI-261 p. et 11 pl. de fac-simile.

1862. — *Mélanges égyptologiques*, comprenant onze dissertations sur différents sujets. In-8°, II-123 p., p. et 2 pl.

1863. — *Recherches sur le nom égyptien de Thèbes, avec quelques observations sur l'alphabet sémitico-égyptien et sur les singularités orthographiques.* In-8°, X-44 p.

Les papyrus hiératiques de Berlin, récits d'il y a quatre mille ans. In-8°, XI-95 p. et pl.

1864. — *Mélanges égyptologiques* (2e série) comprenant des articles de plusieurs auteurs, le tout formant quatorze dissertations et un glossaire. In-8°, II-344 p., p. et pl.

1865. — *Revue rétrospective à propos de la publication de la liste royale d'Abydos.* 2 fasc. in-8°, 35 et 37 p.

1866. — *Voyage d'un Egyptien en Syrie, en Phénicie, en Palestine, etc., au XIVe siècle avant notre ère*, avec la collaboration de Ch. Wicliffe Goodwin. In-4°, VIII-420 p. et fac-simile.

1867. — *L'Inscription hiéroglyphique de Rosette, analysée et comparée à la version grecque.* In-8°, 124 p. et 2 pl.

1868. — *Voyage d'un Egyptien en Syrie, etc. Réponse à la critique.* In-f°, 104 p.

1872. — *Etude sur l'antiquité historique, d'après les sources égyptiennes et les monuments réputés préhistoriques.* In-8, 559 p., fig. et pl.

1873. — *Recherches pour servir à l'histoire de la XIXe dynastie et spécialement à celle des temps de l'Exode.* In-4°, VIII-176 p.

Mélanges égyptologiques (3e série), comprenant 23 mémoires, avec la collaboration de plusieurs auteurs. In-8, pl.

1874. — *Les silex de Volgu* (Saône et-Loire). Grand in-4°, 24 p. et pl. (publié par la Soc. d'Hist. et d'Arch.).

Suivant Henri Batault, grâce à cette savante notice, la collection de ces silex, déposée au Musée de la ville, est connue dans toute la France, et on en a demandé des moulages en Angleterre, en Italie et à Genève.

1875. — *Les études préhistoriques et la libre pensée devant la science.* In-8°, 55 p.

***

Jules Dejussieu fut remplacé par M. Louis Marceau qui sut donner à l'antique imprimerie un grand développement, et qui, en 1888, créa l'*Imprimerie Française et Orientale* offrant aux savants l'avantage de pouvoir se passer de l'étranger pour l'impression de certaines de leurs œuvres.

En dehors de périodiques régionaux et d'une foule de volumes et de brochures se rapportant en grande partie à la localité, M. Marceau imprima nombre de publications ayant trait à l'histoire du moyen âge, à la philologie à à la linguistique, à l'archéologie, à la numismatique, à l'égyptologie, à l'assyriologie, etc.

Pour ces dernières impressions, il obtint des éloges mérités d'éminents auteurs tels que Maspero, Hartwig Derenbourg, Victor Henry, Max van Berchem et autres.

Une faiblesse de la vue le contraignit à remettre sa maison le 1er juillet 1898 à M. Emile Bertrand qui avait appris l'art de l'imprimerie dans les ateliers Cavaniol de Chaumont, Liebich de Stuttgard, et Paul Dupont de Clichy-la-Garenne, et qui dirigeait alors à Tonnerre un établissement de seconde importance. Ce

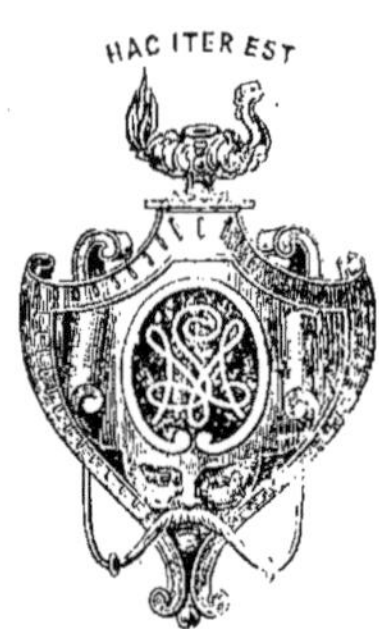

Marques de M. L. Marceau

nouveau maître travailla dès lors à donner une nouvelle extension à l'atelier bientôt trois fois centenaire qu'il avait repris.

Outre l'impression de périodiques locaux et de nombreux ouvrages divers, il continue d'imprimer des œuvres se rattachant à la Bibliothèque des Hautes Etudes, à l'École des langues orientales, au Musée Guimet et à différentes missions archéologiques et scientifiques.

Ses travaux lui ont mérité des récompenses élevées dans les expositions internationales, et de plus, il a été honoré de la croix du Nicham-Iftikar à la suite de l'impression de l'ouvrage : *Nomenclature et Répartition des tribus de Tunisie*, vol. in-4°, de VIII-484 p., publié en 1900, à l'occasion de l'Exposition universelle de Paris, et de la croix du Lion et du Soleil de Perse à la suite de l'impression d'un ouvrage d'histoire, en langue persanne, *Le Târikhé Gozidè*, par Jules Gantin, publié en 1903.

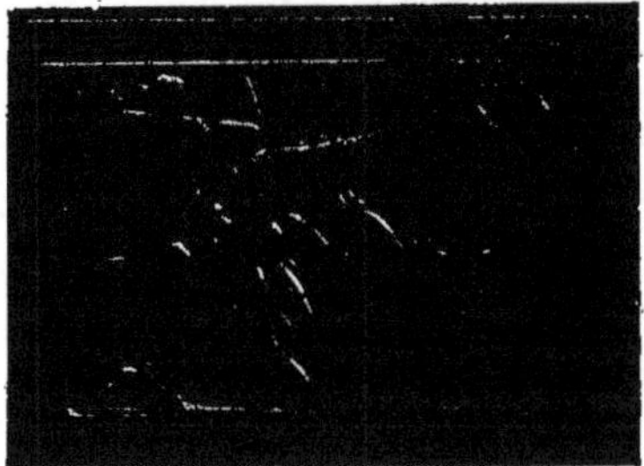

Exposition Internationale, Milan 1906
Diplôme d'Honneur (à la Collectivité des Imprimeurs Français)

Ajoutons qu'en 1904, lors de la célébration du 300e anniversaire de l'impression du premier livre connu sorti des presses chalonnaises, une médaille commémorative lui fut remise par le doyen de ses ouvriers.

***

Pour terminer, disons que l'ancienne imprimerie qu'en 1603 Jean Desprez avait demandé à installer à Chalon en sollicitant « quelques honnestes gaiges pour l'entretenement de sa personne, » et qui, dès sa deuxième année d'existence, produisit le *Pastorale ad usvm diocœsis cabilonensis accommodatvm*, œuvre typographique remarquable, est devenue une maison de première importance, grâce aux efforts persévérants et intelligents de ses divers directeurs et surtout des derniers. Comme l'a écrit M. Krestzschmar, elle constitue maintenant une imprimerie « qui presque seule en France (à part l'Imprimerie Nationale et une maison similaire) possède une collection considérable de caractères pour l'impression du copte, de l'hébreu, de l'assyrien, du syriaque, du persan, de l'arabe, et surtout des hiéroglyphes, dont elle possède plus de 8.000 signes »[1].

Ⲡⲛⲟⲩⲧⲉ ⲡⲉⲓⲱⲧ ⲟⲩⲁⲅⲁⲑⲟⲥ ⲡⲉ. ⲡⲉⲭⲥ

לרבת לעשתרת ולתנת בלבנן מסדשם חדשם כם כל אש

[illegible]

[illegible]

الموت مستعتب ولا بعد الدنيا إلاّ الجنّة والنار

[illegible]

Ce que n'avait pas prévu Jean Desprez c'était ménager pour l'avenir à Chalon de sérieux éléments de prospérité et de procurer des moyens d'existence à des centaines d'ouvriers transformant chaque année, dans les ateliers de la ville, en journaux, bulletins, revues, livres, brochures et impressions de toutes sortes, « plus de 1.000 tonnes de papier ; » mais il ne s'était pas trompé lorsqu'il voulait venir à Chalon « affin d'accroistre la reputation et gloire de lad. ville. »

P.-J. Gauthier.

1. C. Kretzschmar, *Livret Guide de Chalon-s-S.*, p. 60.

PIÈCES JUSTIFICATIVES

1. — Réception de l'imprimeur J. Desprez.

« Conseil tenu en la maison commune de la ville et cité de Chalon le jeudy dixiesme jour du mois d'apvril mil six cens et trois convocqué au son de la cloche. »

(Présents : Guillaume Lantin, maire : Guillaume Magnien, Edme Vadot, Baptiste Bernardon et Nicolas Grand, échevins ; Pierre Dubois, procureur syndic, et Philibert Bataille, Joseph Niquevard, Pierre Beuverand, Philibert Clerc, Jacques Beuverand, Toussaint Febvre, Jean Penessot, François Nancet, Claude Margan et Jean Petit, conseillers.)

« Mre Jehan Despreys imprimeur et libraire de Langres a presenté requeste par escript et dict quil desire faire sa residance en lad. ville et a cest effect y apporter ses caractaires et presses pour imprimer les livres qui luy seront mis entre les mains tant anciens que nouveaulx moyennant quil fut maintenu aux honneurs prerogatives et privileges octroyés aux imprimeurs par les editz et ordonnances royaulx et luy accorder quelque honneste gaiges pour l'entretenement de sa personne et ce pour le recepvoir au nombre des habitans de lad. ville en luy octroyant quelques honnestes gaiges affin d'accroistre la reputation et gloire de lad. ville sur ce de l'advis dud. conseil a esté deliberé que led. Desprez sera receu au nombre des habitans de lad. ville et demeurera exempt des impositions qui se feront en icelle et du guet et garde sinon en tant d'eminant peril auquel cas il pourra estre contrainct de faire pareil debvoir que ung aultre habitant[1]. »

1. Arch. mun. de Chalon-s-S., BB, 12, reg., f° 108.

2. — Impression au compte de la Ville de l' « Histoire de Chalon-sur-Saône », par le P. Perry.

« Assemblée generalle faicte et convocquée en la maison commune de la ville et cité de Chalon, au son de la cloche et a son de trompe suivant qu'il est accoustumé le jeudy cinquiesme decembre mil six cent cinquante huict sur les deux heures apres midy ou estoient Noble Pierre d'Hoges cons[er] du Roy et son grand Gruyer au Chalonnois, maire ; Christophe Devarenne procureur Philibert Bacon bourgeois et Anthoine Cybert marchand, eschevins ; Anthoine Meritte p[r] scindicq ; François Martel secretaire » et 23 conseillers désignés en ladite délibération.

« Auquel conseil et assemblée il a esté resolu que nous nous pourvoirions contre M[rs] de la ville de Beaulne pour la sceance aux Estats et ordre de l'Eslection, et d'autant que l'ouvrage du pere Perry est absolument necessaire pour la decision duq. proces. scavoir si l'on fera presentement imprimer led. ouvrage suyvant qu'il a esté cy devant deliberé ce qui se fera a fort bon prix... A esté resolu qu'il nous falloit pourvoir au conseil du Roy contre M[rs] de la ville de Beaulne et de Nuits pour la sceance aux Estats et ordre de l'eslection, et a cest effect faire imprimer incessamment le livre du pere Perry par Ph. Tan Imprimeur de la ville[1] ».

3. — Le Conseil de ville décide la reliure de 100 exemplaires de l'« Histoire de Chalon-sur-Saône ».

« Conseil tenu en la maison commune de la ville et cité de Chalon convocqué au son de la cloche en la maniere accoustumée le jeudy vingt neufiesme de may mil six cent cinquante neuf sur environ les neuf heures avant midy ; »

Etaient présents « Noble Pierre d'Hoges conseiller du Roy et son grand ecuyer et capitaine des chasses du Chalonnois », les 4 échevins, le syndic, le secrétaire et 14 conseillers.

« Auquel conseil le S[r] d'Hoges a proposé scavoir. . combien on fera relier d'exemplaires du livre du pere Perry et si on lui

1. Arch. mun. de Chalon-s-S., BB, 16, reg. f° 75.

payera sa pension... Sur quoy les opinions prises d'un chacun a esté resolu par la pluralité des voix... qu'il faut faire relier cent exemplaires du livre du pere Perry, et luy payer sa pension[1]. »

4. — Le Conseil de ville accepte un exemplaire de l'« Histoire de Chalon-sur-Saône » offert par l'auteur.

« Conseil tenu en la maison commune de la ville et cité de Chalon convocqué au son de la cloche a la maniere accoustumée le vingt deuxiesme de juin mil six cent cinquante neuf sur les quatre heures apres midy. »

Etaient présents le maire, 4 échevins, le syndic, le secrétaire et 22 conseillers.

« Auquel conseil led. Sieur d'Hoges maire a proposé scavoir... qu'il plaise a Messieurs accepter un livre de l'histoire du pere Perry qu'il a donné pour estre mis dans les archives de ceste chambre... Sur quoy les opinions prises d'un chacun », le conseil « accepte le livre du père Perry, et l'en remercie[2] ».

5. — Arrêt du Conseil d'état du Roi au sujet de l'exécution des Ordonnances, Arrêts, Statuts et Règlements concernant l'Imprimerie et la Librairie.

« Le Roi ayant été informé de l'inexécution des Edits, Statuts, Reglemens et Arrêts sur le fait de l'Imprimerie et Librairie, et de plusieurs abus causés par le nombre excessif des Maîtres Imprimeurs, Libraires et Relieurs, qui sans avoir la capacité requise et necessaire ont été reçûs et se sons établis depuis quelques années en plusieurs villes du Royaume, dans lesquelles ils impriment, vendent et débitent toutes sortes de livres sans aucune aprobation ni permission, et dont les impressions se trouvent aussi trèz-souvent défectueuses : A quoi étant nécessaire de pourvoir et d'arrêter le cours des désordres d'une si dangereuse conséquence, Sa Majesté en son conseil a ordonné et ordonne que les Ordonnances ci-devant faites, les Arrêts,

1. Arch. mun. de Chalon-s-S.. BB, 16, reg. f° 95.
2. *Ibid.*, f° 96.

Statuts et Reglemens concernans l'Imprimerie et Librairie seront exécutés selon leur forme et teneur : Et ce faisant, défenses à tous Imprimeurs, Libraires et Relieurs, d'imprimer, vendre et débiter aucuns livres sans privilège scellé du grand sceau, ni aucuns livrets ou feuilles volantes sans la permission expresse du principal magistrat des lieus, à peine de punition corporelle. Enjoint Sa Majesté à ses Baillis et Sénéchaus ou leurs lieutenans, ensemble aus Substituts de ses Procureurs générаus dans les Ressorts de ses Parlements, chacun en droit soit de visiter, soigneusement les officines, boutiques, magazins et ouvroirs des Imprimeurs, Libraires et Relieurs établis dans l'étendüe de leurs Bailliages et Sénéchaussées, et d'envoyer au Sieur Seguier, Chancelier de France dans six semaines du jour de la publication du présent Arrêt, un état contenant le nombre des Imprimeurs, Libraires et Relieurs de chacun Bailliage et Sénéchaussée, leurs noms, le nombre de leurs presses, la qualité de leurs fontes et caractères, et les noms et le nombre des fondeues ; comme aussi d'envoyer de trois en trois mois un mémoire de tout ce qui aura été imprimé par lesdits Imprimeurs. Fait Sa Majesté défenses à toutes sortes de personnes de quelque qualité et condition qu'elles soient à tous chefs et supérieurs des Colleges, Couvents et Communaütés d'avoir et tenir dans aucunes maisons particulières lieus prétendus privilegiés, Colleges, Couvents et Communautés, aucunes presses et Imprimeries, de vendre ni débiter aucuns livres, si ce n'est par les mains des Libraires, et ce sous quelque pretexte que ce soit, sur les peines portées par les Ordonnances et Reglemens, et de confiscation des livres, presses et Imprimeries. Fait aussi Sa Majesté trèz expresses défenses à tous ses Officiers, Syndics et Adjoints des Communautés des Imprimeurs, Libraires et Relieurs où il y a Maîtrise de procéder ci-aprez à la reception d'aucuns Maîtres Imprimeurs, Libraires et Relieurs, ni souffrir dans la Ville où il n'y a point de Maîtrise qu'il soit dressé, ouvert ou établi aucune Boutique ou Imprimerie nouvelle jusqu'à ce que par Sa Majesté en ait été autrement ordonné ; et ce à peine d'interdiction à l'égard desdits officiers, de privation de la Maîtrise des Syndics et Adjoints qui y auront assisté, et de confiscation des Imprimeries, presses et ustanciles de ceux qui auront été reçûs, ou qui se seront établis au préjudice des défenses présentement faites; lesquels seront en outre déclarés pour toujours incapables de parvenir à aucune Maîtrise.

Fait au Conseil d'état du Roi, tenu à Paris le 6 octobre 1667[1]. »

6. — Souvenir des libéralités de l'imprimeur Tan et de sa femme en faveur de l'Hospice.

« Pour conserver un éternel souvenir des biens considérables que tant led. Sr Tan que deffuncte son épouse ont faicts aux pauvres de ceste maison il sera incessamment dressé une épistaphe, laquelle sera gravée sur un marbre posé dans le mur de la chappelle St-Joseph que led. Sr Tan a faict construire, le tout aux frais de la Charité et deux de MM. les directeurs iront chez les héritiers dud. Sr Tan pour faire les civilités du Bureau[2]. »

7. — Arrêt concernant les Imprimeurs et les Libraires.

Le roy ayant esté informé des contraventions qui se commettent à l'exécution des Edits, Statuts et Reglemens donnez sur le fait de l'Imprimerie et Librairie, et que telles malversations et abus proviennent principalement du grand nombre de Libraires et Imprimeurs, qui sans avoir la capacité requise, s'établissent journellement en plusieurs villes du Royaume, dans lesquelles ils impriment, vendent et débitent toutes sortes de livres contraires au bon ordre : à quoy estant necessaire de pourvoir, et de rechercher les moyens les plus convenables pour arrester le cours de tels desordres, dont les suites ne peuvent estre que pernicieuses, Oui le rapport du Sieur Le Camus Conseiller du Roy en ses conseils, Maistre des Requestes ordinaire de son Hostel, Sa Majesté en son conseil a ordonné et ordonne que tous les Imprimeurs et Libraires de chacune des villes et lieux de son royaume, pays, terres et seigneuries

1. *Recueil des Déclarations, Edits, Lettres patentes et Arrêts du Conseil d'état du Roi*, sans nom d'auteur, t. 3, p. 63.

2. Reg. des Délib. du Conseil d'adm. de l'Hospice St-Louis (4 avril 1700).

de son obéissance, seront tenus de fournir dans quinzaine aprés la signification du present Arrest au Juge de Police, dans le ressort duquel ils sont établis, un memoire certiffié et signé de chacun d'eux, contenant leurs noms, le temps et les formalitez de leur reception et établissement, les lieux de leurs établissemens précédens, les personnes chez qui ils ont fait leurs apprentissages, les noms et qualitez de leurs apprentifs et compagnons, le nombre de leurs presses, la quantité de leurs fontes et caractères ; le tout à peine de cinq cens livres d'amende, au payement de laquelle ils seront contraints aprés ledit delay expiré, en vertu des Ordonnances desdits Juges de Police, ausquels Sa Majesté enjoint de visiter les boutiques, magazins et ouvroirs des Imprimeurs et Libraires établis dans l'étenduë de leurs ressorts, et en dresser des procés verbaux, lesquels avec lesdits Mémoires qui leur auront esté fournis par lesdits Imprimeurs et Libraires, ils remettront aux Sieurs Intendans et Commissaires départis dans les provinces, pour estre par eux envoyez à Monsieur le Chancelier. Fait Sa Majesté trés expresses deffenses ausdits Juges de Police et autres ses Officiers, et aux Syndics et Adjoints des Communautez des Libraires et Imprimeurs, de proceder cy aprés à la reception d'aucun Imprimeur ou Libraire jusqu'à ce que par Sa Majesté il en ait esté autrement ordonné ; et ce à peine d'interdiction à l'égard desdits Officiers, de privation de la Maistrise des Syndics et Adjoints qui y auront assisté, et de confiscation des Imprimeries, presses et ustenciles de ceux qui auront esté receus, ou qui se trouveront établis au préjudice des présentes deffenses; lesquels seront en outre déclarez pour toujours incapables de parvenir à aucune Maistrise...

Fait au Conseil d'Estat Privé du Roy, tenu à Versailles le sixiéme jour de décembre mil sept cens. Signé : DEMONS[1].

8. — Perquisition chez l'imprimeur Prarond au sujet d'un livre condamné.

« Antoine Noyrot, conseiller du Roy lieutenant general de police et Maire de la ville et cité de Chalon sur Saone apellé

1. Arch. mun. de Chalon-s-S., FF, 10.

avec nous pour greffier cette part François Richard praticien a Chalon, Sçavoir faisons que cejourdhuy neuf du mois de mars mil sept cent un nous nous sommes transportés dans la maison du sieur François Praron père chirurgien en cette ville ou reside le sieur Philippe Praron son fils imprimeur et libraire aud. lieu pour l'execution de l'arrest du conseil d'Etat privé du Roy donné à Versailles le vingt huit de febvrier dernier suivant les ordres de monseigneur Ferrand conseiller du Roy en ses conseils Seigneur de Villemilan etant au bas du huit du present mois. ou etant nous avons visitté le plus exactement qu'il nous a eté possible tous les livres qui sont dans sa boutique lun apres lautre sans y en avoir treuvé aucun du titre de recüeil des ordonnances sinodalles du Diocese de cette ville de Chalon enoncé aud Arrest en presence dud. Praron son pere pour raison de l'absence de son fils qui est au service du Roy dans ses troupes depuis environ trois semaines et nous a ledit Praron pere asseuré qu'il n'a jamais veu aucun desd. livres dans laditte boutique qu'il ne sçait pas qu'il y en ayt eté debitté aucun et qu'il est bien asseuré que son fils n'en a point imprimé. Et nous a promis qu'il n'en debittera ny ne souffrira pas qu'il en soit debitté aucun dans sa boutique et qu'il se conformera a l'execution dud. Arrest dont nous luy avons fait nous mesme la lecture affin qu'il n'en puisse ignorer et qu'il le puisse executer exactement et regulierement aux peines y portées dont et de quoy nous avons dressé nostre présent procez verbal pour satisfaire au contenu en iceluy et que nous puissions tenir la main a l'execution d'iceluy regulierement et exactement en tesmoin de quoy nous nous sommes soubsignés avec led. sieur Praron pere et le greffier actant sous nous. »

Signé : F. PRAROND, NOYROT et RICHARD[1].

9. — **Arrêt du Conseil d'état défendant à tous Libraires et Imprimeurs de faire imprimer ou réimprimer des livres sans Lettres de sceau, ou des livrets sans permission des Juges de police.**

« Louis, par la grâce de Dieu...

1. Arch. mun. de Chalon-s-S., FF, 10.

Nous avons dit et déclaré...

1° Qu'aucun Libraire et Imprimeur ou autre ne pourront faire imprimer ou réimprimer dans toute l'étendue de notre Royaume aucun livre, sans en avoir préalablement obtenu la permission par Lettres scellées du grand Sceau.

2° Qu'aucuns Imprimeurs, Libraires ou autres ne pourront faire imprimer ou réimprimer en aucun lieu du Royaume aucuns livrets sans en avoir obtenu la permission des Juges de police des lieus, et sans une aprobation de personnes capables et choisies par lesdits Juges pour l'examen desdits livrets, sous lequel nom de livrets ne pourront être compris que les ouvrages dont l'impression n'excédera pas la valeur de deux feuilles en caractères de Cicero...

Donné à Fontainebleau le 2 octobre 1701[1]. »

10. — Demande de J. Nanty, imprimeur à Lyon, pour venir résider à Chalon-s.-S. et y travailler de son métier.

« Messieurs Messieurs les Maire, eschevins concapitaines de la ville et cité de Chalon

Supplie humblement Jean Nanty imprimeur de la ville de Lyon

Disant qu'ayant pris la pensée de venir resider en cette ville pour travailler de son métier il ne peut le faire qu'il n'aye obtenu vos agrements ce qu'il espere sous offre qu'il fait de suporter les charges de la communauté pour ce qui le concernera de vous obeir a tout ce qu'il plaira luy prescrire

A ces causes

Il vous plaira Messieurs luy permettre faire sa residence en cette ville avec sa famille d'exercer son metier d'imprimeur de jouir des droits et privileges des habitans dudit lieu aux offres d'en suporter les charges de vous obeir en tout ce que vous luy prescrirez et il continuera ses prieres pour vos prosperitez et santez et sera justice. »

Signé : Barault et J. Nanty[2].

1. *Recueil des Déclarations, Edits, Lettres patentes et Arrêts du Conseil du Roi*, sans nom d'auteur, t. 3, p. 58.

2. Arch. mun. de Chalon-s-S., HH, 20.

11. — Suite donnée à la demande J. Nanty.

En marge de la demande qui précède est écrit :

1° « Nous ordonnons que la présente sera communiquée au procureur du Roy pour y donner ses conclusions et y estre faict droit ainsy qu'il apartiendra mandant etc.

« Faict a Chalon le 27e juillet 1703 ».

Signé : NOYROT.

2° « Le procureur du Roy de la ville et communauté de Chalon qui a veu la presente req[te] et l'art. 13 de la declaration du roy du mois de may en faveur des maires de la province duement registrée au parlement de Dijon le 23 juillet 1697 portant que touttes personnes qui voudront setablir dans les villes de la province ne seront receues au nombre des habitans qu'apres avoir justiffié de leurs bonnes vies, mœurs religion catholique apostolique et romaine dans une assemblee de ville en suite de quoy apres le serment porté en tel cas il leur sera donné des lettres d'habitans pour jouir des droits et privileges led. p[r] du roy requiert que le supliant a la forme de lad. declaration justiffira de ses bonnes vie et mœurs et religion catolique apostolique et romaine dans une assemblée qui se tiendra expres des habitans dans l'hôtel de ville pour ensuitte apres son serment receu luy estre données des lettres d'habitans et que deffenses luy soient faites de faire aucunes fonctions pour ce qui regarde sa profession qu'après lesd. formalités a peine de cinquante livres d'amande.

« Fait le 27 juillet 1703 et demeurera la presente entre les mains du greffier pour en estre donné extrait[1]. »

12. — Acte d'inhumation de Blaise Tan.

« Le vingt et unième aout mil sept cent quatre le Sr Tan marchand imprimeur a Chalon agé de plus soixante et dix ans a esté inhumé dans l'entré de la Motte après avoir esté munis de

1. Arch. mun. de Chalon-s-S., HH, 26.

ces sacrements en presence des Srs Jaques Chavillot et Pierre Menu pretres habitués de l'eglise cathedrale. »

Signé : CARNOT[1].

13. — Réception de Claude Desaint comme habitant de Chalon-sur-Saône.

« Loüis François Gauthier ecuier seigneur de Chamirey, coner du Roy maire perpetuel lieutenant general de police et concapitaine de la ville de Chalon sur Saone, sçavoir faisons que cejourd'huy jeudy deuxiesme de mars mil sept cent dix neuf heure de trois apres midy en l'hostel commun de lad. ville de Chalon, devant nous a comparu Sr Claude Dessaint marchand libraire de Macon, lequel en presence de Me Guillaume Michelin pr du Roy sindic de cette communauté nous a dit qu'il auroit acquis en cette ville le fond de boutique de l'heritiere du feu Sr Jean Rossignol marchand libraire aud. Chalon, et souhaittant entrer dans lad. boutique pour y vendre et debiter les marchandises qui y sont et continuer le mesme commerce il requiert conformement a la requeste qu'il nous a presenté a ce suject le recevoir habitant en cette ville et a cet effect luy octroier des lettres d'habitantage sous offre qu'il fait d'en payer les droits, quoy ouy et led. pr du Roy sindic en ses conclusions veu la requeste dud. Dessaint, son extrait baptistaire signé du Sr Focard prestre de l'Eglise collegialle St-Pierre de Macon en datte du vingt sept septembre mil sept cent dix huit et sur ce qu'il nous a été affirmé par serment par venerable Me Jean Louis Darbigny prestre ausmonier de Monsieur l'Evesque de Chalon, Me Antoine Girard pr au presidial et Sr Edme Guillemardet marchand aud. Chalon que led. Sr Dessaint fait profession de la religion catholique apostolique et romaine, qu'il est homme de bonnes mœurs, nous avons receu et recevons led. sieur Claude Dessaint pour habitans de cette ville en qualité de marchand libraire aud. Chalon en par luy se conformant aux reglements et statuts politiques de cetted. ville payer entre les mains du receveur des deniers patrimoniaux le droit d'habitantage, et ordonnons qu'il

1. Arch. mun. de Chalon-s-S. Reg. des inh. de la par. St-Vincent, 1704.

luy sera deslivres des lettres à ce sujet en sorte qu'il joüisse des privileges attribués ausd. habitans, en foy de quoy nous nous sommes soussignés avec led. Dessaint, lesd. Srs Darbigny, Girard, Guillemardet le p[r] sindic et le secretaire de cet hôtel, les an et jour susdit[1]. »

Suivent les signatures.

14. — Acte de mariage de Claude Desaint.

« Le trentieme may mil sept cens dix neuf après la publication des bans de mariage par deux dimanches consecutifs au prone de la messe paroissiale sans aucune opposition entre sieur Claude Desin marchand libraire à Chalon fils de Sr Jean Adrien Desin marchand libraire et imprimeur a Macon et de D[lle] Marguerite Cadot ses pere et mere d'une part et D[lle] Claudine Michelin fille de feu Mre Guillaume Michelin procureur et notaire royal a Chalon et de feu D[lle] Jeanne Demangin ses pere et mere d'autre part Veue la dispense du troisieme ban accordée par Monseigneur l'Eveque de Macon et par Monseigneur l'Eveque de Chalon en bonne forme deuement insinuée aux greffes des insinuations ecclesiastiques desdits dioceses et la lettre de recedo (dud.) Sr Desin signé Morillon curé de St-Pierre de Macon je soussigné du consentement et avec la permission de Mre Lazare Carnot pretre curé de St-Vincent leur ay donné la benediction nuptiale en presence de Sieur Jean Adrien Desin père, Sr Estienne Henri notaire a Creche oncle, Sr Antoine Cadot praticien de Chane cousin germain dud. epoux, Srs Jean Baptiste et Pierre Desin freres dud. epoux soussignés, et Sr Guillaume Michelin, frère de lad. epouse, Sr François Gauthey cousin, et Mons. Bougot commissaire a Chalon tous lesquels epoux et temoins se sont soubsignés[2]. »

Suivent les signatures.

15. — Défense d'imprimer sans l'autorisation du Maire.

« Du lundy quinze janvier 1720 heure de deux apres midy en l'hostel commun de la ville par M. Gauthier, maire.

1. Arch. mun. de Chalon-s-S., FF, 21, reg. f° 91.
2. *Ibid.*, Reg. des mar. de la par. St-Vincent, année 1719.

» ... Sur ce a comparu Me Louis Berry p^r^ du Roy syndic de cette com^té^ lequel nous a dit qu'il avoit veu une ode dediée à M. Casse, imprimée chez Jean Nanty imprimeur en cette ville, sous l'attache et permission de Mrs du Presidial, et comme suivant les Edits de creation de notre charge de lieutenant general de police et arrests du conseil rendus en consequence il auroit deu s'adresser a nous pour en avoir permission, il requiert que deffenses soient faites aud. Nanty cy present et a tous autres imprimeurs de s'adresser a l'avenir a d'autres qu'a nous, Quoy ouy, et led. Nanty qui a dit qu'il avoit creu que c'estoit a Mrs du Presidial de luy permettre d'imprimer les ouvrages qui luy estoient presentez, nous avons fait et faisons deffenses aud. Nanty, et a tous autres imprimeurs de cette ville d'imprimer a l'avenir aucuns ouvrages qui leur seront presentés sans avoir esté au prealable communiquez au p^r^ du Roy syndic de cette communauté et en avoir de nous obtenu permission aux peines portées par lesd. Edits et arrests du Conseil, a quoy il a promis de se conformer [1]. »

Signé : GAUTHIER.

16. — **Arrêt du Conseil d'état portant Règlement relatif à la Librairie et à l'Imprimerie.**

« Le Roy... fait itératives deffenses à tous Imprimeurs, Libraires et toutes autres personnes de quelque qualité et condition qu'elles soient, d'imprimer ou faire imprimer en quelque lieu que ce soit aucuns Livres, Libelles ou Ecrits, et d'en distribuer les exemplaires dans son Royaume, sans avoir obtenu préalablement la permission nécessaire à cet effet, conformément ausdits réglemens, à peine pour les contrevenans, d'être punis comme perturbateurs du repos public, suivant la rigueur des ordonnances.

» Veut Sa Majesté que les Imprimeurs qui seront trouvés en contravention, soient destitués de leur profession, et en conséquence leurs Boutiques murées, et qu'ils soient condamnés en l'amende de 3.000 livres, aplicable pour moitié au dénonciateur,

1. Arch. mun. de Chalon-s-S., FF. 22, reg. f° 38.

et pour l'autre aux Hôpitaux des lieux, et en outre à la confiscation de leurs presses et autres ustensiles qui auront servi à leurs imprimeries : Si le dénonciateur est Aprentif ou Compagnon Imprimeur, et se trouve capable d'exercer l'Imprimerie, la place de l'Imprimeur qui aura été destitué lui sera donnée par préférence, avec toutes les presses et autres ustensiles d'Imprimerie qui auront été confisqués et qui lui demeureront en propriété.

» Marly, le 8 février 1727[1]. »

17. — Lettre-circulaire du Garde des sceaux mandant aux Procureurs généraux de veiller à l'exécution des Ordonnances royales sur l'Imprimerie.

« A Versailles, le 28 avril 1728.

« Monsieur, il faut que les différents ordres que j'ai donnés pour prevenir et arrêter le cours de l'impression des libelles, n'aient pas été executés avec toute l'attention que j'aurois desiré. Je suis informé qu'il y a plusieurs villes dans le Royaume ou les Imprimeurs travaillent a imprimer tous les ouvrages qu'on leur presente sans se mettre en peine d'avoir les approbations qui sont necessaires, et qu'ensuite ces Imprimés se transportent de ville en ville tantot par la voye des messagers, et quelques fois même par des voyes indirectes en observant de les laisser en entrepost a quelque distance des villes ou l'on tient la main le plus exactement pour en empescher l'entrée. Ce sont des abus auxquels je veux absolument remedier, et pour y parvenir, prenés s'il vous plait, la peine d'ecrire a tous les lieutenants de police des villes qui sont du ressort de votre Parlement et ou il y a des Imprimeurs établis, et de leur mander qu'ils usent a l'avenir de toutes les precautions que les ordonnances du Roy, les devoirs de leur charge et mes ordres particuliers leur prescrivent pour tenir dans la Regle la plus exacte les Imprimeurs qui sont soumis a leur jurisdiction, que pour cet effet

1. *Recueil des Déclarations, Edits, Lettres patentes et Arrêts du Conseil d'état du Roi*, sans nom d'auteur, t. 9, p. 8.

mon intention est qu'ils fassent chaque semaine plusieurs visites chés ces Imprimeurs aux heures ou ils peuvent travailler avec le plus de confiance, et qu'ils se mettent au fait de tous les ouvrages qui sortiront de leurs Imprimeries, qu'il est même nécessaire qu'ils fassent observer de près ceux qu'ils connaissent pour être les plus suspects, et qu'ils se rendent certains qu'ils n'impriment point ailleurs que chés eux ainsi qu'il leur est expressement enjoint par les Reglements. Il est encore du bien du service qu'ils sachent ce qui se passe à cet égard dans les messageries et qu'ils se fassent representer de tems en tems les feüilles afin de savoir si les voitures publiques ne sont point chargées d'ouvrages de contravention, en prenant cependant des mesures pour que ces recherches ne derangent point le tems du depart des voitures publiques, ce qu'il leur est facile de faire en se concertant avec les maitres de ces voitures et en les chargeant de les avertir lorsqu'il y a des balots suspects, et surtout des balots intitulés Libri, qu'enfin il faut qu'ils n'omettent rien de tout ce que le zele et la sagesse peuvent leur inspirer dans cette occasion pour arrêter la licence avec laquelle les ouvrages en contravention c'est a dire non autorisés de privileges ni de permission se produisent dans le public. Chargés les de me rendre compte tous les mois de la conduite qu'ils tiendront a cet égard, et de m'informer sur le champ des decouvertes qu'ils auront pu faire, surtout qu'ils aient soin de saisir tout ce qu'ils trouveront d'imprimé contre la regle, et de faire constituer prisoniers les Imprimeurs qui auront travaillé a ces impressions. Les circonstances de tems exigent non seulement de nouvelles attentions de leur part sur cette matiere, mais ils y sont particulierement obligés par la declaration du Roy du 12 may 1717 qui leur ordonne de veiller avec la plus grande exactitude sur la conduite des Imprimeurs et de faire faire chés eux de frequentes visites.

» Je suis etc.. »

Signé : CHAUMELIN[1].

1. Arch. mun. de Chalon-s-S., FF, 1.

18. — **Surveillance des Imprimeries par le Maire.**

« A Dijon le 4 may 1728.

« Monsieur, Pour ne vous rien laisser ignorer de tout ce que M. le Garde des sceaux exige de vôtre ministère, et de tout ce qu'il se promet de vôtre vigilance contre la licence avec laquele on imprime et on repand dans le public des ouvrages qui n'ont point été aprouvés je vous envoie une copie de la lettre qu'il m'a fait l'honneur de m'écrire le 28 du mois dernier en vous exhortant d'executer ses ordres et de remplir toutes ses intentions avec un zele plein de prudence que l'audace ne puisse ralentir, et que la ruse ne puisse tromper.

» Je suis etc. ».

Signé : QUARRÉ.

Au bas est écrit :

« M. Gauthier, Maire de Chalon[1] ».

19. — **Déclaration du Roi concernant les Imprimeurs.**

« Louis, par la grâce de Dieu...

Art. 2. Voulons que tous les Imprimeurs qui seront convaincus d'avoir imprimé sous quelque titre que ce puisse être des Mémoires, Lettres, Relations, Nouvelles Ecclésiastiques ou autres Dénominations des Ouvrages ou Ecrits non revêtus de Privilége ni Permission sur les disputes nées ou à naître en matière de Religion, et notamment ceux qui seroient contraires aux Bulles reçues dans notre Royaume, au respect dû à notre S. Père le Pape, aux Eveques et à notre Autorité, soient condamnés pour la première fois à être apliqué au Carcan, même à une plus grande peine s'il y échet, sans que ladite peine du Carçan puisse être modérée sous quelque prétexte que ce soit, et en cas de récidive, ordonnons que lesdits Imprimeurs soient en outre condamnés aux Gallères pour cinq ans, laquelle peine ne pourra pareillement être remise ni modérée.

Art. 3. La disposition de l'art. précédent aura lieu pareillement à l'égard des Imprimeurs qui seront convaincus d'avoir

1. Arch. mun. de Chalon-s-S., FF, 1.

imprimé des Ouvrages ou Ecrits tendans à troubler la tranquillité de l'État ou à corrompre les mœurs de nos sujets, et qui pour cette raison n'auroient pû être revêtus de Privilége ou de Permission.

Art. 4. Voulons que ceux qui seront convaincus d'avoir composé et fait imprimer des Ouvrages ou Écrits de la qualité marquée dans l'un ou dans l'autre de ces deux précédens articles soient condamnés, comme Perturbateurs du repos public, pour la première fois au bannissement à tems hors du Ressort du Parlement où ils seront jugés, et en cas de récidive au bannissement à perpétuité hors du Royaume...

Art. 7. Deffendons très-expressément à tous Imprimeurs de travailler ou faire travailler ailleurs que dans les maisons où ils demeurent, ou dans celles à la porte desquelles sera posée une enseigne publique d'Imprimerie : Ordonnons que conformément aux anciens Réglemens la porte de leur Imprimerie ne sera fermée pendant tout le tems de leur travail que par un simple loquet ; comme aussi leur faisons très expresses inhibitions et deffenses d'avoir dans leur maison ou autres lieux où ils imprimeront aucunes portes de derrière par lesquelles ils puissent faire sortir clandestinement aucuns imprimés, le tout à peine d'interdiction pendant six mois, et de 500 livres d'amende qui ne pourra être remise ni modérée par nos Juges, même de déchéance de la Maîtrise ou autre plus grande punition en cas de récidive...

Fontainebleau, le 10 octobre 1728[1]. »

20. — Acte d'inhumation de Jean Nanty.

« Le dix sept may mil sept cens ving neuf est decedé Jean Nanti imprimeur du Roy, du bailiage et siege presidial de cette ville âgé d'environ quatre vins ans lequel a eté inhumé a la Motte le dix huit dud. mois après avoir eté muni des sacremens de penitence et dextreme onction en presence de François Royer marguiller de St-Vincent soussigné avec nous[2]. »

Signé : Carnot.

1. *Recueil des Déclarations, Edits. Lettres patentes et Arrêts du Conseil d'état du Roi*, sans nom d'auteur, t. 9. p. 16.

2. Arch. mun. de Chalon-s-S., par. St-Vincent, reg. des inh., 1729.

21. — **Acte d'inhumation de Laurent Nanty.**

« Laurent Nanty imprimeur demeurant a Chalon mort du jour d'hier muni des sacrements de l'Eglise agé d'environ cinquante cinq ans a été inhumé au cimetier de la Motte par moy soussigné cejourdhui deux septembre mil sept cent quarante huit en présence de Maître Jacque Page et Jean Larûe habitués à St-Vincent soussignés[1] ».

22. — **Acte d'inhumation de Claude Desaint.**

« Le vingt neuf novembre mil sept cent soixante et onze est decedé muni des sacrements et âgé d'environ soixante et seize ans sieur Claude Dessaint imprimeur et libraire à Chalon lequel a été inhumé le lendemain dans l'église des R P. Carmes de cette ville après les prières et ceremonies ordinaires faites dans l'église de St-Vincent paroisse du défunt. Ont signé l'acte Messieurs Claude Honoré Berard et François Canat curé et vicaire de la paroisse. »

Suivent les signatures[2].

23. — **Réception de Delorme Delatour pour occuper la seule place d'imprimeur réservée à la ville de Chalon-s.-S.**

« Vu au Conseil d'état privé du roy, la Requeste presenté en iceluy par Jean Marie Claude Delorme Delatour tendante a ce qu'il plut à Sa Majesté ordonner qu'il seroit receu imprimeur libraire a Chalon sur Saone pour y remplir la seule place d'imprimeur fixée par le reglement pour lad. ville et qui estoit vacante par la demission de Claude Desaint, lad. requeste signé Roux avocat dud. Delatour; ordonnance du lieutenant general de police de Chalon sur Saone du 28 décembre 1771 rendüe sur la requeste presentée par led. Delatour, portant que le 31 du même mois, dix heures du matin, il seroit en son hotel par luy procedé à l'examen des titres et capacité dud. Delatour et

1. Arch. mun. de Chalon-s-S., par. St-Vincent, reg. des inh., 1748.
2. *Ibid.*, 1771.

des autres aspirants à lad. place d'imprimeur en lad. ville et ensuitte qu'il seroit procedé par lesd. Delatour et autres aspirans aux epreuves accoutumés, en l'imprimerie dud. Desaint lors decedé, assignation donnée en consequence de lad. ordonnance, à la requeste dud. Delatour a Jean Baptiste Joseph Meline Garnier bourgeois demeurant a Chalon et a Jean Pierre Delespinasse libraire en la même ville, tous deux aspirans a lad. place, assignation du lendemain 29 decembre 1771. Procez verbal dressé par le lieutenant general de police led. jour 31 décembre 1771 contenant 1° defaut contre led. Garnier non comparant, 2° description et examen des titres de capacité representés par lesd. Delatour et Delespinasse, avec leurs observations et requisitions, et 3° mention de l'examen que ledit lieutenant de police a fait subir auxd. Delatour et Delespinasse tant sur les langues grecque et latine que sur la théorie et la pratique de l'imprimerie, la requeste presentée au conseil par led. Jean Pierre Delespinasse tendante a ce qu'il plut a Sa Majesté luy accorder lad. place d'imprimerie de Chalon a la charge par luy de prester le serment ordinaire et accoutumé pardevant le lieutenant general de police de lad. ville, lad. requeste signé Cochet avocat dud. Delespinasse, pièces jointes aux requestes desd. Delatour et Delespinasse et dont partie ont été par eux representées aud. lieutenant de police, savoir de la part dud. Delatour, arrest du conseil du 4 janvier 1731 qui a maintenu Claude Desaint dans la place de seul imprimeur a Chalon sur Saone laquelle avoit eté reservée en lad. ville, par le reglement du 21 juillet 1704, extrait baptistaire dud. Jean Marie Claude Delorme Delatour du 20 may 1745 tiré des registres de la paroisse de Notre Dame aux fonts de la ville de Liege duement legalisé, demission donnée par Claude Desaint aud. Delorme de la place d'imprimerie a Chalon sur Saone, led. acte passé en brevet devant les notaires royaux en lad. ville le 13 novembre 1771, certificats des Srs Lambert et Knapen imprimeurs a Paris du 26 dud. mois de novembre 1771 contenant declaration de la part dud. Lambert que led. Sr Delatour a appris chez luy l'imprimerie, dud. Knapen que led. Delatour a travaillé dans son imprimerie en 1765 et qu'il s'y est comporté avec sagesse.

autres certificats des Srs Granger et Herissant aussy imprimeurs a Paris du 27 novembre 1771 qui attestent que led. Delatour a travaillé chez le Sr Granger trois années consecutives, et qu'il a travaillé chez le Sr Herissant les années 1765 et 1766, certificat du Sr Marie de Ste Colombe dud. jour 27 décembre 1771 contenant qu'en qualité de maitre de pension il a eu chez luy comme ecolier pendant huit ans led. Delatour, lequel estoit lorsqu'il en etoit sorti en etat d'entrer en seconde, et acte passé devant les notaires royaux a Chalon sur Saone le 3 janvier 1772 par lequel Claude Michelin veuve de Claude Desaint a renoncé en faveur de Delatour au droit qu'elle avoit de continuer a exercer la place d'imprimeur en lad. ville dont led. Desaint avoit eté pourveu. Pièces dud. Delespinasse, savoir son extrait baptistaire du 22 juillet 1721 tiré des registres de la paroisse de St Vincent de Chalon sur Saone, brevet d'apprentissage dud. Delespinasse avec le Sr Pierre Bruyret imprimeur à Lyon. pardevant Hodieu et son confrere notaires royaux en lad. ville le 16 octobre 1733, certificat du Sr Charollois chanoine de l'eglise cathedralle de Chalon sur Saone du 27 septembre 1771 qui atteste que led. Delespinasse a fait ses etudes au college de lad. ville, certificat de catholicité et de bonnes mœurs delivré aud. Delespinasse par le Sr de Besancenot curé de la paroisse de St Georges de Chalon sur Saone le 15 janvier 1772, cinq autres certificats à luy donnés les 13, 14 et 16 janvier 1772 par plusieurs personnes en place de lad. ville et de celle de Beaune, qui ont attesté qu'il est petit fils de Jean Nanty imprimeur a Chalon et predecesseur de Claude Desaint, qu'il est fils d'un libraire de lad. ville qui luy mesme y exerce la librairie depuis 1745, a la satisfaction du public, et qu'il est en etat de remplir la place vacante par deceds dud. Desaint, et pareillement le memoire presenté au conseil par led. Garnier et par Jean Baptiste Pierre Migneret qui ont demandé respectivement que lad. place leur fut accordé sur la justification qu'ils offroient de faire pardevant le lieutenant general de police de lad. ville de Chalon de leurs titres et capacité. L'avis du Sr intendant commissaire desparti par Sa Majesté en la province de Bourgogne et l'arret du 12 may 1759 portant fixation des imprimeurs en lad. province et par lequel Sa Majesté en a reservé un seul en lad. ville de Chalon, et generalement tout ce qui a été remis par devers le Sr Berthier chevalier conseiller du roy en ses conseils maitre des requestes ordinaire de son hotel commissaire a ce deputé ouy son raport et tout consideré le Roy en son conseil de l'avis de M. le chancelier sans s'arrester aux requestes et demandes desd. Delespinasse, Garnier et Migneret dont ils sont deboutés, a ordonné et ordonne que led. Jean Marie Claude Delorme Delatour sera receu imprimeur libraire en la ville de Chalon sur Saone pour y remplir la seule place d'imprimeur reservée en lad. ville par le reglement du 12 may 1759, laquelle est vacante par le deceds de Claude Desaint et la demission de Claude Michelin sa veuve à la charge par led. Delatour de prester serment pardevant le lieutenant general de police de lad. ville en la manière accoutumée ».

« Fait au Conseil d'état privé du roy teneu à Versailles le vingt sept janvier mil sept cent soixante douze. »

Signé : Chazelle.

(Extrait des Registres du Conseil d'état privé du roi, Arrêt du 27 janvier 1772[1].)

24. — **Prestation de serment de Delorme Delatour.**

« Claude Perrault, ecuyer maire lieutenant general de police de la ville de Chalon sur Saone savoir faisons que cejourdhuy dix sept fevrier mil sept cent soixante douze heure de quatre après midy a l'hotel commun de lad. ville devant nous a comparu sieur Jean Marie Delorme Delatour lequel nous ayant representé l'arrest rendu au conseil de Sa Majesté le vingt sept janvier dernier qui ordonne qu'il sera receu imprimeur libraire de la ville de Chalon sur Saone pour y remplir la place de seul imprimeur de lad. ville reservé par le reglement du 12 may 1759 et vacante par le deceds du S. Claude Desaint et la demission de la Dlle Michelin sa veuve, et a requis qu'il nous plaise recevoir son serment en tel cas requis.

« Surquoy faisant droit, vu led. arrest, et ouy Mre Guillaume

1. Arch. de Chalon-s-S., BB, 87, reg. fo 6.

Moutton procureur sindic en ses conclusions qui a dit n'avoir aucun moyen d'empecher lad. reception et a requis que led. arrest du conseil soit enregistré, et a la suite des presentes, nous avons pris et receu le serment dud. Delorme Delatour par lequel il a juré et promis de se conformer aux ordonnances et reglements rendus sur l'état de l'Imprimerie nomesment celuy de février 1723, Ordonnons au surplus que led. arrest du conseil sera registré pour y avoir recours le cas echeant, en foy de quoy nous nous sommes soussignés avec ledit Delatour, le procureur sindic et le secretaire de cet hotel. »

Signé : PERRAULT et MOUTTON[1].

25. — « **Tarif des Impressions pour le service de la Ville de Chalon, homologué par Monseigneur Amelot, Intendant de Bourgogne et Bresse, qui ordonne que les Impressions qui seront faites par la suite seront réglées suivant le Rapport du Sieur Frantin, Imprimeur du Roi à Dijon, en date du 9 février 1784 et confirmé par Monseigneur l'Intendant le 4 mars 1784.** »

SAVOIR :

	livres	sous
1° 300 Etats concernant la Milice bourgeoise sur une feuille entière, grand papier fin fort, 18^{l} le premier cent et 9^{l} chacun des suivants. (On observe que dans le cas où il n'en seroit demandé qu'un cent, ce seul cent devroit alors être payé 24^{l}), ci pour les 300....................	36	»
2° 25 Ordonnance pour la milice 1782, grand placard..	8	»
3° 60 Ordonnance concernant le dépôt de différents matériaux sur le quai de Ste-Marie, grand placard.......	8	»
4° 1000 Billets de citation à la police, 1^{l} 5^{s} le 1er cent et 12^{s} les suivants....................................	6	13
5° 60 Ordonnance concernant le dépôt des Boues, grand placard à 2 colonnes, papier fin.......................	9	»
6° 60 Ordonnance pour l'entrée de Mgr l'Évêque, pla-		

1. Arch. mun. de Chalon-s-S., Reg. des procès-verbaux de réception d'habitants dans les différents corps d'arts et métiers de la ville de Chalon-s-S., BB, 87, reg. f° 6.

	livres	sous
card à 2 colonnes..	8	»
7° 400 Passeports sur une demi feuille, 4^{l} le 1er cent et 2^{l} les autres..	10	»
8° 40 Ordonnance au sujet de la Tuerie St-Laurent, placard à 2 colonnes..	7	»
9° 100 Listes des prix du College, grand placard, cicero	12	»
10° Un registre de 50 feuillets de route des soldats, Impression et relieure..	6	»
11° 50 Ordonnance qui condamne le sieur Dorey en l'amende de 60^{l}..	8	»
12° 60 Ordonnance concernant les Ouvriers des Basses-Œuvres, grand placard à 2 colonnes, sur une feuille grand raisin..	12	»
13° 100 Billets de convocation d'assemblée extraordinaire..	3	»
14° 60 Ordonnance concernant les Mouleurs de Bois, placard à 2 colonnes..	8	»
15° 100 Ordonnance au sujet des drogues que les Epiciers peuvent tenir, grand placard pl. *id*................	20	»
16° 30 Ordonnance concernant les Lanternes publiques, petit placard..	4	»
17° 1000 Ordonnance concernant la Discipline des Ouvriers, placard à deux colonnes, sur papier grand raisin, 14^{l} le 1er cent, et 6^{l} chacun des suivants................	80	»
18° 30 Ordonnance pour la Milice 1783................	8	»
19° 40 Ordonnance concernant le Régiment de Monsieur, placard ordinaire..	7	»
20° 60 Ordonnance de M^{r} le Marquis de Gouvernet, au sujet des soldats en semestre..	7	»
21° 4000 Billets de logement à 1^{l} 5^{s} le 1er cent et 12^{s} les chacun des suivants..	24	12
22° 500 *idem* des sergents..	3	13
23° 200 *idem* d'officiers..	1	15
24° 200 Billets de logement pour Etape..............	1	15
25° 300 Certificats concernant les Louvetaux..........	5	»
26° 70 Ordonnance faisant défense aux Roulliers et		

livres sous

Charretiers de tenir pendant la nuit des chiens sous leurs voitures, placard ordinaire, 2 colonnes.................. 7 »

27° 100 Listes pour la Distribution des prix du College en 1783.. 12 »

28° 1000 Billets de citation à 1l 5s le 1er cent, et 12s chacun des suivants...................................... 6 13

29° 60 Ordonnance de M. de Gouvernet au sujet des soldats en semestre.................................. 7 »

30° 60 Ordonnance pour la publication de la paix, grand placard à 2 colonnes.............................. 9 »

31° 100 Extrait des Délibérations de la Chambre municipale au sujet du Don gratuit, grand placard grand raisin, et eu égard à une nuit passée.................. 15 »

Autres impressions qu'il est d'usage de faire pour le service de la Ville de Chalon S. S. non compris dans l'Etat ci-dessus :

1° Placard à deux colonnes concernant l'adjudication des Lanternes, 30 ex.................................. 7 »

2° Grand Placard à deux colonnes concernant les Boulangers, 30 ex.. 8 »

3° Le même remanié in-4° 1/2 feuille, non compris le papier timbré.. 4 »

4° Ordonnance concernant le taux du pain, placard ordinaire, 1000 ex., 6l le 1er cent, et 3l les autres eu égard au nombre.. 33 »

5° Extrait des minutes du Greffe du Bailliage criminel de Chalon S. S., grand placard à deux colonnes, caractère cicero, 20 ex... 10 »

6° Ordonnance pour l'Enlevement des Matériaux sur la promenade neuve, placard ordinaire, 100 exemplaires... 8 »

7° Extrait des Minuttes du Secretariat de l'hotel de ville, concernant les Bouchers, placard ordinaire, 30 exemplaires.. 6 »

Fait et Arrêté en vertu de l'Ordonnance de Monsieur l'Intendant, du 28 juillet 1783 à Dijon, ce 9 février 1784.

Signé : FRANTIN.

Vu le Rapport, la Requête, les Ordonnances et Réponse des

autres parts, ensemble l'État des Impressions faites par le Sieur Delorme Delatour pour le service de la Ville de Chalon, pendant les années 1782 et 1783,

Nous Intendant en Bourgogne et Bresse, Avons homologué ledit Rapport, en conséquence Avons fixé à la somme de trois cent soixante une livres un sol le prix desdites impressions faites par ledit sieur Delorme Delatour, pendant les années 1782 et 1783, et ordonnons que ladite somme de trois cent soixante une livres un sol sera payée par le Receveur des deniers patrimoniaux de ladite ville; quoi faisant, et par ce dernier rapportant notre présente Ordonnance duement quittancée, ladite somme sera allouée dans la dépense de son compte de la présente année. Ordonnons en outre que le prix des impressions qui seront faites par la suite seront reglées suivant ledit Rapport.

Fait le 4 mars 1784. »

Signé sur l'original : AMELOT.

Pour copie : NOIROT, subd.[1].

26. — Liberté d'imprimer.

Déclaration des droits de l'homme :

« Art. XI. — La libre communication des pensées et des opinions est un des droits les plus précieux de l'homme; tout citoyen peut donc parler, imprimer librement. sauf à répondre de l'abus de cette liberté dans les cas déterminés par la loi[2]. »

27. — Acte de décès de Delorme Delatour.

« L'an sept de la République française, le huit fructidor, à cinq heures du soir, à Nuits, Devant moi Nicolas Ménétrier. adjoint municipal de lad^{te} Commune s'est présenté Claude Raille fabricant de papier aud. lieu, lequel m'a déclaré que Jean-Marie Delorme, son beau-frère, imprimeur à Châlons sur Saône Département de Saône et Loire, est décédé chez lui hier à sept heures du soir âgé de cinquante-cinq ans lequel était marié en seconde noce avec Françoise Raille.

1. Arch. mun. de Chalon-s-S., HH, 22.

2. Décret de l'Assemblée nationale du 3 septembre 1791, inséré dans la Constitution donnée le 14 septembre suivant.

D'après cette déclaration je me suis transporté au domicile du déclarant où j'ai constaté le décès dud Jean Marie Delorme, en présence de Guy Sebillotte aubergiste, et de Jean Baptiste Peire, témoins ayant l'âge requis par la loy, et domiciliés à Nuits. Ce dont j'ai dressé procès-verbal que j'ai signé avec les Témoins et le déclarant. »

Suivent les signatures[1].

28. — Acte de décès de Michel-Anne Dejussieu.

« Du vingt-sept mai mil huit cent trente-quatre, heure de onze du matin. Acte de décès de M. Michel-Anne Dejussieu, époux de Dame Anne-Gabrielle Delorme, âgé de soixante-un ans, né à Autun, département de Saône-et-Loire, Imprimeur, demeurant à Chalon-sur-Saône, décédé cejourd'hui, heure de trois du matin, en son domicile, rue du Chatelet, fils légitime de furent M. Pierre-Philippe Dejussieu, Imprimeur audit Autun, et De Anne Mathey. Sur la déclaration à moi faite par M. Jean-Marie-Claude Giroux, receveur des hospices, demeurant à Chalon, âgé de quarante-quatre ans, cousin germain du défunt, et par M. Jacques-Nicolas Delorme, juge au tribunal, demeurant audit Chalon, âgé de trente-neuf ans, beau-frère du défunt. Lecture faite dudit acte aux déclarants ci présents, la sincérité en a été constatée par moi Pierre-Marie-Antoine Ogier, premier adjoint au maire de la ville de Chalon, faisant les fonctions d'officier de l'état civil, tant par mon transport au domicile du défunt que par la susdite déclaration et me suis soussigné avec eux. »

Signé : GIROUX, DELORME et OGIER[2].

29. — Discours prononcé par M. Félix Sordet lors de l'inhumation de J. Dejussieu.

« Avant que la tombe ne se referme sur la dépouille mortelle de Jules Dejussieu, permettez que j'adresse un adieu suprême à cet homme de bien.

1. Reg. des décès de la ville de Nuits, an VII.
2. *Ibid.*, de Chalon-s-S., année 1834.

Jules Dejussieu était issu d'une ancienne famille d'imprimeurs, qui a tenu et qui tient un rang honorable dans notre Bourgogne. De bonne heure il embrassa la profession paternelle, et, pendant plus d'un demi siècle, il a exercé cette profession, acquérant, par des travaux justement appréciés, une notoriété de bon aloi, et, d'un autre côté, gagnant l'estime générale par sa probité et la douceur de son caractère. Il était bienveillant, généreux et modeste. Ses confrères n'oublieront point son obligeance, et ses ouvriers se rappelleront sa bonté. Étranger à nos luttes politiques, Jules Dejussieu conservait au fond du cœur les convictions qu'il avait puisées dans sa famille. En un mot, il est resté fidèle à lui-même, fidèle aux siens, et proclamer ici cette fidélité, n'est-ce pas encore faire son éloge ?

Quand, il y a près de deux ans, il se décida enfin à prendre sa retraite, ce ne fut pas sans un serrement de cœur qu'il abandonna sa chère profession. Bientôt il en conçut un chagrin qu'il ne dissimulait pas, et, dans ses causeries, il aimait surtout à parler de son imprimerie et de cet art typographique pour lequel il avait un véritable culte.

Mais, le mal, qui devait l'emporter, minait chaque jour sa robuste santé. Néanmoins, malgré ses 80 ans, rien ne faisait prévoir sa fin, quand, lundi soir, la mort est venue, comme à l'improviste, le ravir à l'affection de sa famille, à celle d'une sœur qui a été la compagne dévouée de sa vie tout entière. Puissent les témoignages de sympathie, qui accompagnent ici notre regretté défunt, adoucir l'amertume de leur douleur.

Adieu, vénéré confrère ! Dors en paix ! Ta mémoire revivra parmi nous comme celle d'un bon citoyen et d'un bon confrère[1]. »

1. Journal *Le Courrier*, 2 décembre 1882.

TABLE

CHALON-SUR-SAÔNE, IMP. FRANÇAISE ET ORIENTALE E. BERTRAND. 15594

www.ingramcontent.com/pod-product-compliance
Ingram Content Group UK Ltd.
Pitfield, Milton Keynes, MK11 3LW, UK
UKHW022032170726
13837UKWH00002B/551

9 782019 958800